旅游产业创新与发展丛书

旅游案例的心理学诠释

张薇 韩发◎著

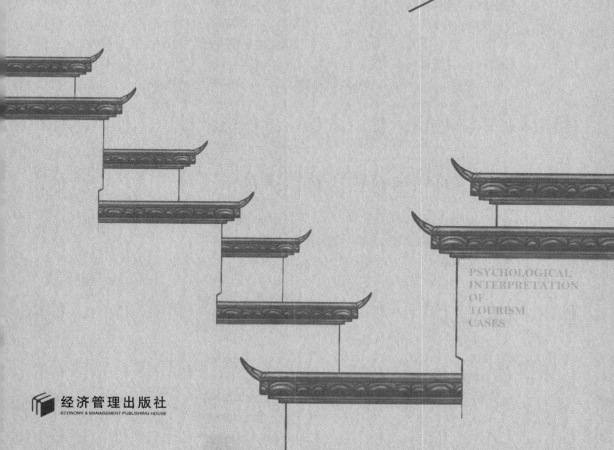

PSYCHOLOGICAL
INTERPRETATION
OF
TOURISM
CASES

经济管理出版社
ECONOMY & MANAGEMENT PUBLISHING HOUSE

图书在版编目（CIP）数据

旅游案例的心理学诠释／张薇，韩发著. —北京：经济管理出版社，2021.2
ISBN 978-7-5096-7782-7

Ⅰ.①旅⋯ Ⅱ.①张⋯ ②韩⋯ Ⅲ.①旅游心理学 Ⅳ.①F590-05

中国版本图书馆 CIP 数据核字（2021）第 031093 号

组稿编辑：王光艳
责任编辑：许　艳
责任印制：黄章平
责任校对：张晓燕

出版发行：经济管理出版社
　　　　　（北京市海淀区北蜂窝 8 号中雅大厦 A 座 11 层　100038）
网　　　址：www. E-mp. com. cn
电　　　话：(010) 51915602
印　　　刷：唐山昊达印刷有限公司
经　　　销：新华书店
开　　　本：720mm×1000mm/16
印　　　张：12.75
字　　　数：222 千字
版　　　次：2021 年 2 月第 1 版　　2021 年 2 月第 1 次印刷
书　　　号：ISBN 978-7-5096-7782-7
定　　　价：68.00 元

目　录

| 第二篇 |

服务与发展

| 第三篇 |

文化与交往

| 第四篇 |

营销与经营

第一篇
休闲与消费

　　休闲旅游是当今人们追求品质生活的消费选择。自驾露营、生态康养、宗教旅游、寻根旅游、夜间游览、乡村民宿、研学旅游、农业旅游、工业旅游等已全方位进入人们的生活，与此相对应的吃、住、行、游、购、娱等活动持续扩大了旅游消费规模。在疫情防控常态化阶段，错峰出游、预约出行、寓学于游、散客自驾、小团定制等文明理性出游方式蔚然成风。旅游需求已日益呈现出精细化、主题化、个性化、非标准化、多元化等特点。揭开凡此种种背后的心理学依据，让我们在更了解自己、更理解他人的基础上更理性地决策我们的旅游活动。

01　当与很多人一起骑行旅游时，你会不会骑得更快？

 案例

　　2019 年高考之后，山西朔城一中班主任兰会云带领 11 名毕业生骑行 1800千米。兰老师是教地理的，在骑行途中，他带领学生观察沿途的地形地貌、植被景观、农作物情况等，使课堂上讲的地理知识在生活中得到了验证。兰老师还带学生去参观沿途的高校，教育学生"超越高考，继续奋斗"。兰老师在接受采访时所说："我是一个比较理想的人，六七年前我大学刚毕业，觉得自己从事教育行业要带给学生一些真正的东西，不能停留在课本层面。高中结束后是漫长的假期，很多同学没有合理的规划，我想通过这次远行让他们意识到人生可以有别样的精彩。"一位跟着兰老师骑行旅游过的学生说："那次艰难的骑行

带给我很多力量，之后，每当遇到伤心难受的事情，回头想想那次骑行，会觉得没有过不去的坎……"

11个人一起骑行1800千米，没有一个人掉队，如果他们是单独骑行，会是什么结果？我们是怎样受"他人在场"影响的？

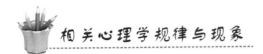

相关心理学规律与现象

群体影响：社会助长作用

社会心理学家非常关心"他人在场"问题。美国心理学家特里普里特曾描述并解释了一项关于考察"他人在场和竞争对个人行为的影响"的实验报告。被试在实验中分别在以下三种不同的情境中骑车完成了25英里的路程。情境1：单独骑行；情境2：让一个人跑步伴同骑行；情境3：与其他骑车人竞赛。结果显示：单独骑时的平均时速为24英里；有人跑步伴同骑行的平均时速为31英里；在竞赛情境下的骑行平均时速为32.5英里。这个实验结果表明，当他人在场或与他人一起活动时，个体行为效率有提高的倾向，或者说个体在群体中活动有增质增量的倾向，心理学家称这一现象为"社会助长作用"，又称"社会促进现象"。

心理学家奥尔波特通过实验研究发现，产生社会助长作用的原因有三：一是多数人在一起活动，增强了个人被他人评价的意识，从而提高了个人的兴奋水平；二是与他人一起活动，增加了相互模仿的机会和竞争的动机；三是减少了单调的感觉和由孤独造成的心理疲劳。

似乎这一结论是正确的。但是，任何理论都是相对真理，都是人们现有认知水平对外部世界的理解、解释和假设，没有绝对真理，人们只能无限度地去接近绝对真理。随着人们认知经验的提高，一些心理学家发现了相反的情况，即他人在场有时也会降低个体的工作成绩。于是，心理学家将这种由于他人在场或与他人一起活动时造成个体行为效率下降的现象，称为"社会阻抑作用"。

到底是什么原因导致了两种不同的结果呢？后来的研究发现，活动的性质和个体技能的熟练程度决定了产生"社会助长作用"还是"社会阻抑作用"。具体而言，个体在进行复杂活动时，群体情境对个人有干扰作用，反而不如一人独自完成；而个体在进行简单活动时，群体情境对个人有助长作用。当然，这个复杂活动和简单活动是相对而言的。因为即使是非常简单的活动，若个体未熟练掌握，对个体而言也属于复杂活动，此时群体情境也会对其产生阻抑作用。

心理学家扎琼克解释了这一现象：他人在场提高了人的一般动机水平，而动机水平的提高则会加强优势反应。如果是简单而熟悉的行为，正确反应就会占优势，他人在场就会加强这种反应，从而提高了行为效率。而个人在完成复杂、困难、生疏的任务时，不正确的反应占优势，他人在场可能会强化不正确的反应，妨碍任务完成，所以有阻抑作用。

 **解析**

马克思说："12个人在144个小时的劳动日中共同劳动比12个孤立的劳动者各自做12小时，或1个劳动者每日做一个小时，连续做12日，会能供给一个更大的多得总生产物。"马克思的这句话很好地诠释了社会助长作用，即他人在场时，学生们学习简单任务所需的时间会变少，而学习复杂任务所需的时间会增加。这也解释了为什么观众的支持性反应常常能够激励优秀的运动员们从而使其表现出最佳状态。

但是，观察者的在场会激发所有人的唤起状态吗？当面临压力的时候，身边伙伴的出现还是令人安慰的吗？不可否认的是，他人在场时，我们的情绪中枢非常警觉，生怕自己的不优秀造成他人的蔑视。此时，情绪中枢就会发出"警戒指令"给生命中枢，生命中枢立刻依指令执行，让心跳加快、出汗增加、呼吸加快、肌肉收缩、血压升高以便输送更多的能量到四肢，做好攻击或逃命的准备。这就不难解释，为什么在完成有挑战性任务时，一群支持性观众的在场可能会引发个体做出比平常更差的表现。

对于大多数人而言，骑自行车这件事是可以胜任的简单事件，因此，相约骑行的背景足以唤起你的优势反应，所以骑手会越骑越远，越骑越有劲。当然，在现实生活中，我们应该根据活动任务的难易程度，以及个人对任务的胜任程度和自我效能感强弱来安排工作和学习的情境，合理利用群体情境的社会助长进作用，避免阻抑作用，从而提高活动效率。

来吧，与伙伴相约，骑上一辆自行车，以漫游的姿态向我们心向往之的旅游目的地道声："你好！"

02 新冠肺炎疫情防控取得阶段性胜利后，为什么出现了报复性旅游？

 **案例**

为了抗击新冠肺炎疫情，全国人民万众一心，听从国家的指挥，从 2020 年初开始天天待在家里。几个多月过去了，无论是肉体还是心灵，大家都"闷"够了！眼睁睁看着春天来临，嫩叶发芽、鲜花绽放……大家依然坚持不出门，远程学习、远程办公，没有机会到广阔世界去释放一下，终于在 3 月底，国内疫情基本得到控制。

2020 年 4 月 4 日，安徽黄山市 29 家景区开始对安徽籍游客免费开放 14 天，黄山景区现场开启"人从众"模式。有游客表示"人挤人，一眼望不到头""2 小时走了不到 1 千米"。清明假期前两日，在日限流 2 万人的情况下，黄山风景区的客流限制在清晨 8 点就饱和，景区官微"中国黄山"连发公告，停止入园、停止售票。

类似情况也发生在杭州西湖等知名景区。为什么会出现这种报复性旅游行为？

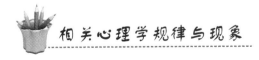 **相关心理学规律与现象**

心理防御机制、补偿

心理防御是精神分析理论中的一个重要概念。当自我觉察到来自本我的冲动时，就会体验到一定的焦虑并尝试用一定的策略去阻止它，这个过程就是自我的防御。防御是自我用来驱赶意识到的冲动、内驱力、欲望和想法，是在潜意识里进行的，因此个体并不会意识到它在发挥作用。

"补偿"是一种重要的心理防御机制，著名的精神分析师阿德勒认为，每个人天生都有一些自卑感，因为每个人在小的时候，都会认为别人永远比自己高大强壮，自卑感从小就诞生了，而恰恰是这种感觉使个体产生了"追求卓越"的需要，他生活的所有目标都指向了超越自卑。为了满足个人"追求卓越"的需求，个体借"补偿"方式来力求克服个人的缺陷。我们使用何种补偿方式来克服我们独有的"自卑感"，便构成我们独特的人格类型。补偿的方式有以下三种：

第一种叫消极的补偿，指个体所使用的弥补缺陷的方法，对个体本身没有帮助，有时甚至带来更大的伤害。例如，一个事业失败的人，整日沉溺于酒精中无法自拔；一个被同学排斥的学生，参加不良帮派组织以获得他人的注意。

第二种是积极的补偿，指个体以合宜的方法来弥补缺陷，运用得当，会带给我们人生一些好的转变。例如，一个相貌平庸的女学生，因致力于学问上的追求而赢得别人的重视；古希腊的演说家笛莫斯安思为了克服口吃，将石子含在口中练习，以使自己的发音更准确，结果他不但克服了口吃的缺陷，还成为演说家与辩论家。这些"失之东隅，收之桑榆"的行为都是积极的补偿。

第三种是"过度补偿"，指个体否认其失败或某一方面缺点的不可克服性而加倍努力，此时奋争可能会夸大和强化，结果反而超过了一般正常的程度，以至于出现病态。所以心理学家说："你所竭力避免的，却往往会发生；你所超常付出的，却泄露了你的匮乏。"

 解 析

记得当年恐怖分子头目本·拉登被美军击毙时，媒体爆出这样一个细节：拉登藏身在距离伊斯兰堡35英里的巴基斯坦阿伯塔巴德地区的一座大型建筑内，引起美方情报人员警觉的是，这幢大型建筑不仅没有安装电话线和互联网，居住者的行为还非常诡异，他们并不像普通居民那样倾倒生活垃圾，而是将垃圾全部焚烧。真可谓机关算尽啊，只可惜因为恐惧，行为上表现出来了过度的补偿，他不再满足于像一个普通居民那样的生活，而是考虑得过分周全，反而败露了自己。因为，他的这些不普通、不合理的行为，都在散发着这样一种信息：这里面住着一个恐惧的人，他害怕被发现。表面上看，本·拉登输给了美

国,其实他最终还是输给了自己,输给了自己的恐惧。

2020年的清明节是当年的第一个小长假。由于受疫情影响,人们很久都没出门,在家里"憋"坏了。疫情稍平稳了,来一场说走就走的"报复性旅游"的想法的出现是很正常的心理。加之一些景区的"免门票"政策推波助澜,全国出现"人从众"客流量的景区不在少数。

如果能理解人们的这一"过度补偿"心理,景区就可提前预见在国内疫情趋于稳定的形势下旅游局面将出现从爆冷到爆热,以至于出现案例提到的"游客2小时走了不到1千米"的情况,从而事先做好预案,设计出更合理的促销方案。况且,疫情防控仍在继续,这么多人扎堆,会埋下多少隐患?不能伤疤未好已忘痛。如果其中有无症状感染者,后果不堪设想。

疫情裹挟下,各地文旅业遭受重创,不少景区渴望尽快走过"阵痛期",这种诉求和行动合情合理。普通公众已经"宅"家多日,想出来走走看看的心情也可以理解,但不能放松警惕,景区有序开放的前提是必须做好周全预案。景区开放,重在有序;操之过急,适得其反。特别是一些地方急着攒人气,却没配足人手;一些游客着急看风光,而忽略了风险。

03 她为什么总是把秦皇岛和青岛想象成一样?

案 例

每年夏天,王先生和李女士小两口都会因为去哪里度假争论不休。上一年他们去了青岛,领着孩子在青岛第一海水浴场、金沙滩、崂山和海洋公园里玩得非常开心。今年王先生提议要去秦皇岛,李女士不同意了,说:"这有什么区别嘛,都是海边度假,都是吃海鲜、参观海洋公园、海边冲浪,没有新意!"王先生反驳,说:"这区别可大了,孩子已经上学了,领孩子旅游得有点文化教育色彩,秦皇岛和青岛可不是一回事儿!"李女士瞪大眼,说:"青岛和秦皇岛就是一回事,我不想去!"

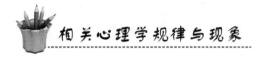相关心理学规律与现象

知觉的整体性特征、相似律、拉近律

认知心理学家苛勒提出了"认知—完形"的理论。他认为，大脑皮层不仅要对客观对象的各个部分进行分别认知，还要把这个客观对象视为一个复合体，来认知它的各个组成部分及其相互关系。因此，整体永远大于部分之和。人类的任何知觉活动都是一个分析、综合、加工的过程，从而形成关于对象的完整映象。例如，你看到图 1-1 中有几个大三角形？

图 1-1　认知—完形示意

图 1-1 中实际上并不存在完整的三角形，但在知觉经验中却显示出"无中生有"的轮廓，使我们感觉到了边缘清楚、轮廓完整的两个大三角形。这说明，人们在知觉客观事物的过程中，是按照一定的规律原则来组织知觉对象的，从而使知觉到的对象具有整体性特征。具体来说，知觉整体性的实现遵循以下组织原则：相似原则、接近原则、闭合原则、连续原则、背景原则。这里详细分析一下相似原则和接近原则。

当你看到图 1-2 的时候，你很可能说看到了什么？看到了 5 行圆？还是 6 列圆？抑或 30 个圆？

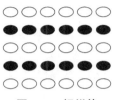

图 1-2　相似律

绝大多数人的答案是 5 行圆，而不是 6 列圆或 30 个圆。这是因为，一、

三、五排的图形相似，二、四排的图形相似。因此，相似原则是指人们在感知各种刺激物时，容易将具有相似属性的事物组合在一起作为知觉对象。

再看图1-3，你很可能说你看到了什么？

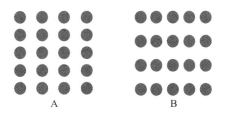

图1-3　接近律

人们一般会说，看到的A图是4列圆，B图是4行圆，而不会说，A图是5行圆、B图是5列圆，更不会说看到了20个圆。为什么呢？这是因为，A图中两点之间的上下距离与其左右间隔相比较为接近，故而看起来是20个圆自动组成四个纵列。B图中两点之间的左右间隔与其上下距离相比较为接近，故而看起来是20个圆自动组成四行。这就是接近原则，是指人们在感知各种刺激时，彼此相互接近的刺激物比彼此相隔较远的刺激物更容易组合在一起，构成知觉的对象。你的大脑是不是常常有这种"偷懒"的倾向呢？

解析

我们去认识一个人时，是不是分别去看他的眼睛、鼻子、耳朵、手、脚？不是的，而是把他作为一个整体形象来感知。雕塑家罗丹为什么要把自己辛苦完成的雕塑砍去一只手臂呢？因为这只手臂太美了，而任何审美者、观察者对一个艺术作品的评价都是从整体形象入手的。也就是说，虽然知觉的对象是由不同的部分、不同的属性组成的，但当它们对人发生作用的时候，人并不是孤立地反映这些属性，而是把它们结合成有机的整体来反映的，这就是知觉的整体性。

人们常常以"物以类聚"的知觉方式来知觉对象。因为人们在感知各种旅游对象时，彼此相互接近的刺激物比彼此相隔较远的刺激物更容易组合在一起，构成知觉的对象。所以人们通常会把距离较近的旅游地打包成一个整体，作为一条旅游线路或感知为一个旅游景点/景区，如"京津唐""宁沪杭""苏锡常"。这三组城市有一个共同的特点，就是在空间上接近，人们就会将其视为一个整体来知觉、来旅游。

案例中李女士所言"两个城市有什么区别嘛"也是可以理解的。尽管大连、秦皇岛、青岛、三亚、北海、厦门等城市之间距离较远，城市内涵也不尽相同，但它们依然会被旅游者组合起来视为一个整体，并被冠以"滨海旅游城市"的称号，这种知觉方式符合相似原则。此外，庐山、承德、青岛、昆明等旅游景点或城市，尽管各有独特之处，但我们通常也会把它们知觉为一个整体来认识，并称为"避暑胜地"。

王先生如果想说服妻子的固执认知，可以从思维定势上打破妻子先前的这种整体认知，将秦皇岛放至一个新的知觉系统中，并以新的认知方式替代，如使用接近原则，将秦皇岛旅游放至"京津冀红色旅游线路"这个系统中。

04 旅游中玩惊险项目可以增进同行游客间的情感吗？

 **案例**

有这样一个实验。卡坡拉诺河谷上有一座全长100多米的悬空吊桥，只有1.5米宽。这座吊桥仅用2条粗麻绳将香板木悬挂在70米高的卡坡拉诺河河谷上。心理学家让一位漂亮的年轻女士站在桥中央，等待着18~35岁的没有女性同伴的男性过桥，并告诉那些过桥男性，这位女士希望他能够参与正在进行的一项调查，她会向他提出几个问题，并给他留下电话。然后，同样的实验在另一座横跨一条小溪但只有3米高的普通小桥上进行了一次。同一位漂亮女士向过桥的男士出示了同样的调查问卷。

结果显示，走过卡皮诺拉吊桥的男性认为这位女士更漂亮，大概有一半的男性后来给她打过电话。而那个稳固的小桥上经过的16位不知名的男性受试者中，只有两位给她打过电话。

在旅游活动中，同行者如果游玩了惊险项目，能否增进彼此间的情感吸引呢？

吊桥效应

吊桥效应是指当一个人提心吊胆地过吊桥的时候，会不由自主地心跳加快。如果这个时候，碰巧遇见另一个人，那么他会错把由这种情境引起的心跳加快理解为对方使自己心动才产生的生理反应，故而对对方滋生出爱情的情愫。生活中，不同的原因能否导致人们相同的生理反应？答案是肯定的。这使人们很难准确地指出自己的生理表现是由哪一种因素造成的，于是张冠李戴地对自己的情绪进行了错误归因。吊桥效应说明了这样一个道理：情绪体验更多取决于对自身生理唤醒的解释，而不一定源于真实遭遇。

悬空的吊桥来回摆动，既动人心魄，又令人心生惧意。萧伯纳曾说过，"当两个人沉浸在最疯狂、最虚妄、最短暂的激情当中时，他们总会对爱人发誓：自己一生愿意保持在这种兴奋的、不寻常的、令人精疲力竭的状态中，直到死亡将他们分开"。在旅游活动中，安排观看恐怖电影、乘坐过山车、两人的绑腿赛跑等令人感到有吸引力的活动，确实可以提升彼此的兴奋度，而肾上腺素的升高会使两颗相爱的心贴得更近。这种效果也存在于已婚夫妇家庭中，彼此的婚姻满意度也会随着参与这样的旅游活动而增高。

05　为什么游客喜欢点经过名称包装的菜肴？

看到下面菜谱，你会点哪些菜？

- ■ "情人眼泪"
- ■ "精烩菜"
- ■ "生死恋"
- ■ "鱼香肉丝"
- ■ "金屋藏娇"
- ■ "霸王会蛟龙"
- ■ "凉拌莜面"
- ■ "黄金万两"
- ■ "龙王喜得子"
- ■ "二牛争春"

相关心理学规律与现象

晕轮效应

所谓晕轮效应，就是在社会知觉中，由于对知觉对象的某种品质有清晰的知觉，从而掩盖了对知觉对象其他品质的印象。同理，对一个人形成某种印象后，我们会以与这种印象相一致的方式去判断这个人的其他特点。例如，如果喜欢某个明星，人们则会爱屋及乌地喜欢与这个明星有关的一切事物，包括他的发型、穿着、说话的神态及其家人等。正所谓"一好百好，一坏百坏"。很多"名人广告"就是利用晕轮效应来蒙骗消费者的。

生活中，什么东西能够起到这种晕轮的作用？对于不同的人来讲是不同的。对于有些人来讲，容貌能起到晕轮的作用。一个人长得漂亮，人们就倾向于认为她做什么事情都是好的；一个人相貌丑陋，人们就倾向于认为他做什么事都不行。例如，三国演义里的凤雏庞统，他长得不好看，孙权和刘备都认为他没有什么军事才能。他们并没有在真正收集关于庞统的军事才能信息之后再来判断他有否能力，而是仅仅因为他的容貌就推断他是无能的，所以晕轮效应会产生知觉的偏差，我们日常生活中要关注这一点。

需要注意的是，晕轮效应是人类的一种社会知觉现象，但知觉属于感性认识阶段，晕轮效应只是人们的一种感性认识偏差。那么，在人们的理性认识中，晕轮效应犯了什么样的逻辑错误？它通过获得知觉对象的某一特征的突出印象，将其扩大为整体的特征，犯了简单枚举归纳推理时以偏概全、以点代面的逻辑错误，是一种主观心理臆测。

 **解 析**

包装是消费者视觉感受的第一步。我们常说"酒好也怕巷子深"，再好的产品如果不吆喝，别人也不知道。同理，为什么说"人要衣装，佛要金装"？因为任何产品的包装都是对产品进行美化的一种工艺。艺术性的包装能让人们赏心悦目，化无意注意为有意注意。所以有人说，"包装就是商品""包装即促销""包装是默默无语的推销员""包装即广告媒体"。

为什么商品的包装日渐奢华？原因之一就是抓住了消费者在社会知觉过程中的这种晕轮效应，认为外表华丽、名字响亮，内在质量也应该很好。事实上，金玉其外、败絮其中的旅游纪念品不乏有之。案例中的一些菜名是商家在饮食大战中起的，这些菜通常会引起人们的无意注意，也是游客必点菜肴。名字听着稀奇，菜却是大路货。"情人眼泪"其实是芥末拌肚丝；"生死恋"则是一公一母两只牛蛙炖在一起；而炒熟的鸡蛋用几片西红柿一盖就成了"金屋藏娇"；一大一小两只龙虾被称为"龙王喜得子"；几块土豆饼沾上面包渣儿，油中一滚就成了地道的"黄金万两"；"二牛争春"不过是在炸牛肉串、牛肉段之间放一绺油菜……如果酒店能把精力放在怎样提高饭菜质量、增加花色品种上，再将菜谱巧妙包装，才能相得益彰、锦上添花，塑造出品牌价值，如图1-4所示。

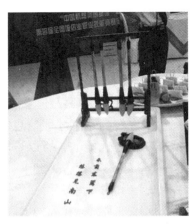 

图1-4　菜肴面点"妙笔生花"

这道美食名叫"妙笔生花"，在古都西安就可以吃到，毛笔的笔尖部分是可以吃的，拿近看就会发现笔尖层次分明，犹如真的毛笔尖，其实笔毛是用花生酥做成的，可以蘸着中间的蓝莓酱吃，后来这道菜又加了两个小点心，苹果酥和核桃酥，将这三种产品搭配一起成套上桌。所以说，包装设计一定包含着消费者视觉和心理的双重认同，好的产品包装甚至本身就是一件非常优秀的文创产品。只有将产品的包装和产品的优良品质相匹配，才能最大限度地发挥晕轮效应。

06 3D 斑马线是为了城市街景的美观而设计的吗？

 案 例

图 1-5 是世界各国一些城市的人行道。设计者采用不同的颜色以及阴影来制造错觉。

因为不少车辆开得实在是太快了，需要采取额外措施来减缓驾驶员的速度。视错觉减速的效果还是非常显著的。美国知名的科技博客《商业内幕》写道，视错觉 3D 人行横道是一种"智能解决方案，因为它们只需要少量资金就可以在很大程度上改变人们的行为"。这些 3D 斑马线会对所有人都起作用吗？错觉是不是糊涂人的专利？

（a）

图 1-5　错觉斑马线图

（b）

图1-5 错觉斑马线图（续）

 相关心理学规律与现象

视 错 觉

什么是错觉呢？当你掂量一公斤棉花和一公斤铁块时，你会感到谁重？感到铁块重，这是形重错觉。当你坐在正在行驶的火车上，看车窗外的树木时，会以为树木在移动，这是运动错觉。错觉就是对客观事物的一种不正确的、歪曲的知觉。那么，错觉是不是糊涂人的专利？不是的，聪明人、火眼金睛的人都会发生错觉。错觉有以下三个特点：①是一种歪曲的知觉；②只要条件具备，就会产生；③带有固定的倾向性。引起错觉的原因很多，感知条件不佳、视听觉功能减退、强烈情绪的影响、想象、暗示以及意识障碍等都能引起错觉。

错觉既可以发生在触觉、听觉等方面，也可以发生在视知觉方面。视错觉就是当人观察物体时，基于经验主义、不当的参照或是在自身的心理因素支配下形成的对图形的错误判断和感知。

 解 析

目前一些国家正在采取创造性的方法，通过创建看似三维的人行横道使道

路更安全。这种 3D 视错觉减速标线利用线条和阴影的巧妙结合，使平坦的路面看起来像凸起的斜坡，诱使司机放慢速度。专家们普遍认为，这类视错觉减速标线在一定程度上可以使道路更加安全。旅游活动中还会发生很多错觉。比如，乘火车长途旅行后回家躺在床上，有人感觉床就像火车车厢一样在运动，这就是运动错觉。错觉可以避免吗？当然不能。因为，它是"必然"发生的歪曲的知觉现象，每个人都会有错觉，然后利用理性思维纠正。

07　驴友为什么能互相帮助？

 案 例

下面是一家驴友俱乐部的一段规范章程。

户外徒步有风险，探险性穿越更是如此，谨记一些注意事项和风险应对措施，会大大减少探险过程中意外和损伤的发生。

首先，户外探险不要一个人，最好是结伴而行，至少是三个人以上，途中可以互相帮助，互相照顾。

其次，要有团队精神。成功、愉快、顺利的探险穿越是要靠集体中每一个人的努力才能做到的。尤其在恶劣艰苦的环境中，团队精神更加重要。为此，我们要做到：

全队要有一个小队长，每天休息之前和出发之前要组织大家开个短会，商量和确认一下第二天的行进路线，万一迷路，应保持全队完整，有人生病要适当调整行进速度。

每个人一定要做的一件事就是不可以离队，有不爽的事情应和队长沟通，不论结果满意与否都要听从队长安排；如果出现食物匮乏，大家应把食物集中起来，平均分配，为了保证食物有计划的利用，队长应划分时段进行分配，管理食物的人不得偷吃。

如果食物出现匮乏，队长要提前组织大家有计划地从自然界采集食物。集体中应该对一些事情进行明确分工，如开路、断后、生火、扎营等。人数较多时要注意行进队形，队伍过长容易走失队友或有人出现意外而不能及时发现。

所有装备和给养应根据各人体力好坏及性别做科学分配背负，以便队伍保持一致的速度。如有人遇到严重的伤病，整个穿越计划必须做出应变，全体放弃或部分人带伤员撤退。

……

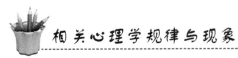

相关心理学规律与现象

亲社会行为

亲社会行为又叫利社会行为，是指符合社会希望且对行为者本身无明显好处，而行为者却自觉自愿给行为的受体带来利益的一类行为。

亲社会行为为什么能够一直存在？发表于 *Psychological Science* 上的一项研究指出，心理学家用实验证明，虽然"得到"能给我们带来快乐，但仅能维持较短的时间，而"付出"却可以给我们带来更为持久的快乐体验。帮助他人、参与志愿活动等亲社会行为不仅能给他人带来便利，更能为我们自己带来真实、可持续的快乐体验。

在相关的实验研究中，研究者要求实验参与者在接下来的连续 5 天内，每天花掉研究者提供的 5 美元。一半参与者被随机分配为"获得组"，他们可以每天将这 5 元钱存入自己的账户，或为自己购买喜欢的饮料等。另一半参与者被分配为"付出组"，他们需要每天为别人花费 5 元钱，如作为小费赠送给服务员，或捐赠给自己信任的慈善机构等。花钱之余，实验参与者需要在每晚反馈参与活动的快乐程度。结果显示，在为期 5 天的实验中，"获得组"被试体验到的快乐程度逐渐下降，但"付出组"被试的快乐程度却一直维持在较高的水平！

从行为主义心理学的观点来看，亲社会行为不仅使我们能够获得来自社会的、他人的和自我的奖励，而且能够避免来自社会的、他人的和自我的惩罚。这会促使人们形成积极的社会价值观，有利于人们的身心健康，还会使人们获得或巩固友谊。此外，帮助别人还有提升心境的作用，当受助者的痛苦消除并开始快乐起来的时候，助人者同样会受到这种情绪的感染，使自己也变得更加愉快。

解析

　　不知你是否也有这样的经历：喜爱的歌曲连续听了很多次后，似乎也没有最初那么打动人心；盼望已久的大餐连吃几顿后，可能也会变得索然无味。难道世间所有的快乐最终都会归于平淡？是否存在更为持久的快乐体验呢？当我们获得了心仪的物品时，通常会体验到开心、激动和幸福。然而，这种体验往往是短暂的。随着时间的推移，我们对这些积极情绪的体验会逐渐淡化，最终回归到平静状态，这一过程被称为"享乐适应"。享乐适应是人类基本认知过程的一大特点：在面对重复发生且无新奇变化的刺激时，我们对这一刺激的反应会逐渐弱化，甚至消失。这一特点有利于人类将有限的注意力资源用于更重要的事情上。那么，享乐适应现象的存在，是否意味着我们将无法获得真正持久的快乐呢？人们将使用什么办法来获得长久的快乐呢？

　　在世界各地，一些热爱生活、热爱旅行、热爱背包游、热爱徒步、热爱摄影、热爱骑行的朋友，都可以通过旅游来结交朋友。因为每个人内心都有一颗想去旅行而躁动不安的心。旅行是让生活暂时脱离常态的一场华丽冒险。在异地他乡，周围只有陌生人和新鲜场景，你肆无忌惮卸下防备，会惊奇地发现，原来体内竟然隐藏了另一个自己。在旅途中重新认识自己，重新找回自己，我们都喜欢在路上的感觉。当这些穷驴们打算远行的时候，有一个或者几个目的地相同的人一起去，不仅可以有个伴，而且拼旅也更经济。案例提示的这个心理学现象——相比自己获益，我们在帮助他人时所体验到的快乐更为持久，也更不容易淡化，这在驴友身上体现得淋漓尽致。这是因为，在帮助他人时，我们关注的更多是行为本身，而不是行为的结果，这有利于促进快乐的延续。另外，帮助他人可以满足我们的归属需要，获得亲社会名声，并展现自己的价值观，这些都能给予我们金钱获益以外更多的积极反馈。人类追求幸福的方式多种多样，驴友在路上欣赏最美风景的同时，又可以获得长久而非短暂的幸福体验，难怪越来越多的人喜欢与驴友结伴同行！

08 武当山的金顶到底是什么?

 **案 例**

丁女士（30 岁、某大学教师）与张太太（52 岁、全职家庭主妇）、周老师（35 岁、某中学历史教师）、李小姐（19 岁、某单位职工）一起作为某单位员工的家属随团赴神农架旅游。得知其他人去年曾随该单位组织的旅游团游览过武当山，从未去过武当山的丁女士很想从其他人那里了解武当山，就主动挑起了关于武当山的话题。大家的发言主动而热烈，各自的感受却大相径庭。

丁女士："武当山这么有名，我却没去过，到底怎么样呢?"

李小姐："怎么样? 不怎么样! 没什么好玩的，就山上那个金顶还有点儿看头，金光闪闪的。"

周老师："武当山的建筑很有特色，是道教宫观建筑的典范。尤其是武当金顶，那可是我们国家建筑史上的杰作……"

丁女士："我特别想亲眼看看那个金顶……"

张太太："什么金顶? 我怎么不知道?"

丁女士："那你去武当山游的什么?"

张太太："游什么，去拜祖师爷嘛!"

早就听说武当山是善男信女烧香许愿的绝佳去处，丁女士接着便问张太太："武当山供奉的是哪位'祖师爷'?"

"反正是祖师爷，我也不知道叫啥名字。"张太太回答道。

"游客的感受与书上的记载可不完全是一回事。"丁女士暗自感慨。

为什么上面一行人对武当山的知觉印象各不相同?[1]

摘自刘纯《旅游心理学》

---

① 摘自刘纯的《旅游心理学》。

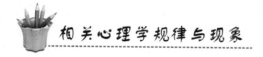

相关心理学规律与现象

知觉的理解性特征

知觉需要人们借助大脑中已有的认知经验去解释、识别当前事物的感觉信息。知觉与感觉相比较，具有自身的本质特征：第一，知觉是对不同感觉的信息进行综合加工的结果，因此知觉是一种概括过程；第二，知觉的意义是反映事物，知觉的目的是解释作用于我们感官的客观事物是什么，并试图用词语去解释它，因此知觉是一种对客观事物进行解释的过程；第三，知觉要根据感觉的信息和个体主观状态所提供的补充经验来共同判定反映的结果，因此知觉是一种对客观事物进行判断、推理的思维过程。

根据知觉所具有的以上三个重要特点，我们不难发现知觉的一个重要属性：理解性。

如图1-6所示，你看到了什么？

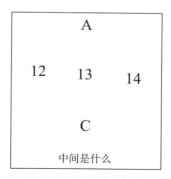

图1-6　知觉的理解性

当我们从左往右看时，会把图中间的符号看成是什么？数字"13"；但如果是从上往下看时，会把图中间的符号看成是什么？字母"B"。这个图片告诉我们，同样的事物放在不同的语境中或环境中，看到的可能是不同的结果。这和古希腊哲学家赫拉克利特所说的"人不能两次踏入同一条河"说的是同一个道理。因此，我们能说"一个整体中的个别部分一定具有固定的特性"吗？绝对不能，个别部分的特性是从它与其他部分的关系中显现出来的，所以知觉具有理解性特征。

知觉的理解性特征告诉我们，人们在感知新事物时，总是根据自己过去的知识经验来解释它、判断它，把它归入一定的事物系统当中，从而能够更深刻地感知它。因此，人们的知识经验不同、需要不同、期望不同，对同一知觉对象的理解也不同。

 解析

一千个读者就有一千个哈姆雷特。《西游记》《红楼梦》等电视电影的导演编排可谓煞费苦心。可小说改编成了影视剧，无论多么忠实于原著，还可能保持原汁原味吗？不可能，它必然会造成信息的损耗、流失或误读，甚至会引来许多观众的批评。同理，案例中人们对同一个客观事物"武当山"的理解认识千差万别，正是知觉的理解性的体现。因为在知觉过程中，人们的主观经验起了重要的作用，人们要借助已有的经验去解释所获得的当前事物的感觉信息，从而对当前事物做出识别。对同一个旅游目的地，为什么不同的人有不同的看法？就是因为旅游者的需要、兴趣、动机、经验、受教育程度、审美观以及宗教信仰等各种因素影响了人们的知觉感受。以黄山风景区为例，如果没有知觉理解性的作用，迎客松、卧龙松、黑虎松和连理松等黄山奇松也只不过是一些形态各异的松树而已。所以说，在实际的旅游活动中，正是在知觉的理解性的作用下，游客的头脑中才可以知觉出很多生动活泼、鲜明并附有意义的景观形象，从而使人们获得无穷的审美感受与审美情趣。

以个性为例，知觉者的个性不同，知觉到的事物也不同。例如，性格内向的旅游者喜欢较安静的活动项目，青睐垂钓、下棋、读书等活动；性格外向的人对参与性强、有一定冒险性的活动项目表现积极，如登山、划船、漂流等；多血质的旅游者知觉速度快、范围广，但不够细致深入；黏液质的旅游者则知觉速度慢、范围小，对事物知觉深刻。

再从知觉者的兴趣角度来说。对文史知识感兴趣的旅游者，总爱把目光放在墓碑石刻、国画书法上；具有宗教信仰的旅游者，总也忘不了朝拜寺庙；喜欢大自然的旅游者，对大海、高山、流泉、飞瀑、古树、蓝天等特别向往。

此外，旅游者的宗教信仰对旅游者知觉的选择也有很大影响。如对同一庙宇，信佛的人会把其知觉为圣地而朝拜，不信佛的人则只把其当作一般的庙宇；信仰不同宗教的人对不同宗教旅游目的地的知觉和理解也全然不同，信仰伊斯

兰教的人会不远万里去麦加朝拜，而信仰佛教的人则不会把麦加当作特别的旅游目的地。

　　为了更进一步理解知觉的理解性原理，我们观察下面的一组"不可能图形"（见图1-7）。

　　不可能图形（不合理图形）是一种无法获得整体知觉经验的图形。不可能图形告诉我们，间接知觉是存在的。间接知觉或者说已有的认知经验并不完全否认直接知觉的存在，它只是在肯定刺激信息的基础上更强调经验信息。即当经验信息和刺激信息互相协调时，它们共同作用，形成知觉；而当经验信息和刺激信息互相矛盾时，经验信息往往会压倒刺激信息，在知觉中占据主导地位。

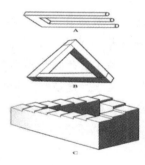

图1-7　不可能图形

　　人们知觉不可能图形的过程，说明了知觉是人们在感官所获得的信息的基础上，对事物主动寻求解释的一个过程。人们知觉一个事物，总是赋予它一定的意义，并用语言文字把它标志出来。人在知觉过程中，能够识别不可能图形，正说明过去经验在知觉中的作用，这也强有力地证明了知觉具有理解性特征。

09 观看完《宋城千古情》后，为什么耳边几天都回响着那些曲目？

 **案例**

没看《宋城千古情》就等于没去杭州旅游。这一大型旅游演艺节目用先进的声、光、电等科技手段呈现了一段气贯长虹的悲壮故事、一场盛况空前的皇宫庆典、一派欢天喜地的繁荣景象，带给观众强烈的视觉体验和心灵震撼。《宋城千古情》整台演出牢牢抓住了杭州文化最精髓的根和魂，演绎了劳作艰辛的良渚古越先民、繁华辉煌的南宋王朝、慷慨激昂的岳飞抗金、梁祝和白蛇许仙的爱情传说，每一个篇章都诠释了杭州的人文历史，把丝绸、茶叶和烟雨江南表现得淋漓尽致。

可以说，《宋城千古情》在国内外游客眼里已经不仅仅是一场演出，她已经名副其实地成为杭州城市的一个标志，历史文化的一个符号，就像巴黎有红磨坊、纽约有百老汇，到了杭州这座城市就必须先看《宋城千古情》。因为，她传承了一个城市的历史文脉，她播种了一个城市的历史文化，她诠释了一个城市的文化底蕴，她与这座城市完美地融合在一起，并成为这座城市的文化之魂。

有游客感叹："别人说不看西湖等于没来杭州，我觉得，没看《宋城千古情》才算白来了！"还有游客抒怀："《宋城千古情》太震撼了，回到家，我的耳边好几天都回响着那些曲目，我是有幻觉吗？"

 **相关心理学规律与现象**

感觉后象

感觉后象是指外界刺激停止作用后，感觉印象仍暂留一段时间的现象。从视觉的角度来看，感觉后象可以分为正后象和负后象。正后象是指外界刺激停止作用后，出现了性质相同或相似的感觉印象。负后象是指外界刺激停止作用后，出现了性质相反的感觉印象。例如，为什么手术室里的医生都穿着蓝绿色的手术服，而在门诊室里又换上了白大褂？这是因为，人眼在长时间内观看一种色彩时，视神经易受刺激而疲劳。医生在手术过程中，眼睛看到的总是鲜红的血迹，时间一长，偶尔把视线转移到同伴的白大褂上，就会看到一团一团红色的补色——蓝绿色，它就像绿色的幽灵一般使医生视觉产生混乱从而无法集中精神，影响手术效果。采用蓝绿色衣料制作手术服，就可以消除这种感觉后象从而确保手术的顺利进行。因此，现在各医院手术室的医护人员均不再穿大白褂，而改穿绿大褂了。

 解析

　　案例中的这位游客在观看完《宋城千古情》后，产生了听觉方面的正后象是正常现象。所谓"余音绕梁，三日不绝于耳"，这绝不是幻觉。不仅听觉有后象现象，视觉、味觉等都有。如在注视电灯光之后，闭上眼睛，眼前会出现灯的一个光亮形象，这也是正后象。之后，可能看到一个黑色形象出现在光亮背景之上，这就是负后象。如果你看了一晚上电视，关灯后甚至一晚上的梦境中眼前都是电视的光亮影子。也就是说，后象持续时间与刺激的强度成正比。

　　彩色的负后象是它的补色。例如，红色的负后象是蓝绿色，黄色的负后象是蓝色。这是为什么呢？原因在于在你的大脑。当你持续看某个刺激物时视色素会被漂白，去敏感性的细胞对观察图形亮的部分更为敏感，但对暗的部分不敏感。所以当刺激变成白色时，原来最疲劳的细胞的反应比其邻近细胞更强，产生更亮的后象，犹如一盏点燃的灯。大多数后象只能存在几秒钟，因为光刺激并不足够强，所以神经细胞很快就能消除疲劳。

10 为什么越来越多的餐饮店桌布和 餐盘镶图多选橙色?

案 例

橙色是旅游食客最常遇到的颜色。无论是吃大餐还是地方小吃,越来越多的餐饮店选用橙色的杯子给顾客乘饮品;厨师经常使用胡萝卜制作主菜的配菜或配色;有家长发现孩子挑食、偏食、食欲不振时,就选用橙色桌布和餐具;餐饮店常用粉、红、橙、黄色等暖色调,并配以灯光效果来布置环境(见图1-8)。这是为什么呢?

有心理学家曾做过这样一个实验,把煮好的咖啡分别盛在黄、橙、绿三种颜色的玻璃杯中,然后随机抽取一些路人品尝咖啡并要求它们汇报每种颜色杯子里的咖啡的味觉印象。实验结果具有惊人的一致性:大多数人们都认为绿杯中咖啡的味道微酸,黄杯中的咖啡味道微淡,而橙杯中的咖啡味道最美。

那么,味觉与色彩有什么内在的联系呢?

图1-8 橙色系列餐桌台布

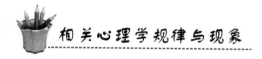

相关心理学规律与现象

颜色的心理效应与生理效应

从接受客观事物的刺激到大脑做出反应，约90%的信息是通过视觉系统完成的，视觉是可见光波作用于眼睛这一感受器官并反映到大脑而产生的感觉。古人云"色恶不食"，足见菜肴色泽对人们饮食消费心理的重要影响。

心理学家的研究成果——"不同的色彩对人的生理功能有不同的影响"已被业界普遍接受。科学家做过大量关于脑电波与颜色视觉变化相关性的实验。实验结果表明，人们面对红色时脑电波反应很强烈，容易使人兴奋，也容易使人疲劳，不利于情绪的放松，因为红色能促进肾上腺素分泌、增强血液循环并引起亢奋。而人们面对蓝色时，脑电波是放松的状态，蓝色能调节体内平衡，如降低心率，并可以减轻紧张焦虑，也有助于减轻头痛、失眠等。绿色是最能令人感到舒适的颜色，因为它能吸收对眼睛刺激性强的紫外线，所以它能起到镇静作用，从而促进身体平衡，有益于人体消化吸收。橙色能诱发食欲，可增强活力，并有助于人体对钙的吸收。因为橙色的光波和大脑中负责认知功能和警觉程度的区域相关，它能够让人们对相关事物保持警觉。所以，当你感到疲惫时，不妨用橙色灯光代替咖啡与茶。此外，紫色可调和其他色彩的刺激并维持体内钾的平衡。黄色可刺激消化系统，能增强逻辑思维能力。

解析

色彩对人的生理功能的作用直接影响到人的心理感受。很多餐饮店的装潢布置，甚至是餐具，都喜欢用"橙色"作为主色调。餐馆使用橙色不仅仅是为了视觉上的美观，最主要的原因是，橙色不仅可以提高食欲，增加食量，还可以使房间显得活泼热烈，从而帮助人们缓解和释放内心的郁闷。即使人们心情不好、没有胃口，但在面对橙色食物时也愿意大快朵颐。因此，菜肴的色泽与人们的味觉、情绪、食欲等有着内在的联系，菜肴的色泽可以引起人们对菜肴的注意、唤醒相应的联想，并引发对应的情绪。

酒店正是充分认识到了这一心理现象，才大量地运用色彩视觉对饮食消费心理的影响。酒店不仅从食物本身的色彩、食物原料加工过程中的变色规律、食物之间的配色技巧等方面加以考虑，甚至在饮食环境气氛的光色调控、饮食器具的色彩设计等方面下功夫。使用镶有橙色果实的餐盘吃饭，不仅能增强食欲，还会带来美美的情绪，何乐而不为呢？

此外，颜色除了上述的生理效应，还有很多心理效应，例如，不同的颜色会给人带来远近感、轻重感、软硬感、冷暖感、兴奋与沉静感、前进与后退感、膨胀与收缩感、舒适与疲惫感等。心理学家通过研究发现，拎同样重量的黑色箱子与白色箱子，黑色箱子给人的感觉要比白色箱子重1.8倍。这也就是为什么保险箱经常使用黑色的原因，这是人们为它加了一把"色彩锁"，让它看起来更重，可以让觊觎保险箱的人产生无法挪动的错觉。相反，快递行业的箱子选用自然的浅褐色的原因是，它属于轻量级颜色，可以达到减轻心理重量的效果。不过白色是看起来最轻的颜色，目前已经有快递公司把自己公司的包装箱统一换成了白色，这不仅在无形之中"减轻"了箱子的重量，而且有利于塑造公司干净整洁的品牌形象。

11　为什么有些人一坐豪车旅游就晕车，坐公交反倒不晕？

案例

游客1：我不能去五台山旅游！听说这条线路只能坐汽车去，而且汽车只能走盘山路，我受不了，我晕车！

游客2：我不能住高层酒店，我一坐电梯就头晕，一定得给我安排一个低层的，让我能爬楼梯上去！

游客3：我不能坐高级轿车长途旅游，而且，车越高级，我越晕车！所以，坐公交旅游，我可以；坐豪车旅游，免谈！

游客4：我往车上一坐，甚至闻到一些味道，就马上晕车，哪怕车还没开！我绝不敢出门旅游！

他们到底是怎么回事，他们到底可以出门旅游吗？

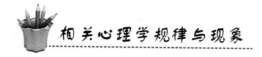

相关心理学规律与现象

运动晕眩

感觉的生理基础是客观事物作用于人的感觉器官，引起神经冲动，这种神经冲动再由神经传导至大脑皮层的特定部位，便产生了感觉。运动晕眩是指个体在身体运动时感受到头晕、目眩、想呕吐等不舒适的生理现象。

从生理心理学角度讲，运动晕眩产生的原因是人体前庭神经系统受到了超限刺激。要知道，位于人体内耳的前庭神经系统是低级神经中枢，它的功能要受到高级中枢即大脑皮层的影响。如果大脑皮层非常活跃，精神处于高度集中的状态，高级中枢的活跃就会对低级中枢产生抑制作用。所以说，晕动症的核心原因是植物神经调节障碍。因为植物神经会自动调整与个人意志无关的脏器的作用和功能。当身体受到刺激的时候，无论是运动，还是气味，大脑无法做出反应，但是，维持人体基本生存的植物神经，会直接做出反应，开始激烈地调整人体的反馈，这是一种应激反应。因此，呕吐事实上是一种肠胃清理措施，这样可以直接减少异物的刺激。很多晕车的人，睡着了就感觉好了，所以说头晕在一定程度上也是一种植物神经对人体的保护措施。

抛开生理学对晕车的解释不论，心理学上所指的运动晕眩现象，其产生并非由个体自己的身体运动造成，而是由他乘坐的交通工具的运动而造成的。关于运动晕眩产生的原因，心理学上有矛盾假说的理论，即身体上的运动信息，来自动觉与平衡觉，而心理上的运动信息，则来自个人的期待，或者期待为前进运动，或者期待为转弯运动。如果个体从身体上与心理上得到的两种信息彼此矛盾，则个体将产生运动晕眩现象。

解　析

当你坐在随海波上下颠簸的轮船上时，你从身体上的动觉与平衡觉得到的信息是，自己的身体正在随着船身的上下运动和向前运动而运动，可是你在船上目光所及的都是静止的座位、地板和窗户，这些事物给你提供的信息，让你在心理上仍然觉得船是静止的。此时，身心两方面提供给大脑的信息是矛盾的，最终形成晕车现象。或者，当你准备坐电梯从一楼到九楼时，你的心理期望是确定的。可是若你进了电梯按下期望楼层按钮，电梯却下降至负二楼，此时你的身体和心理动向背道而驰，运动晕眩随即发生。

那么，如何减轻晕船、晕车、晕机等眩晕现象呢？从心理学的角度来看这一问题的答案是，让身心动向一致。例如，转头观看窗外远景，让自己在心理上也接受船身上、下、前三方运动的事实，晕眩现象就会消失。另一个办法是，集中注意力。以晕车为例，当一个人注意力被转移后，其整个人的状态会发生改变，就不会晕车了。所以有的人会集中注意力听音乐，有的人会闭目养神。这就是为什么晕车的人如果坐在副驾驶位或亲自开车，晕车现象就会不知不觉地消失了。

从生理心理学的角度，我们给出的解决对策是前庭习服。当一个特定的刺激反复作用于前庭器官一段时间后，前庭反应会逐渐减弱，前庭功能的稳定性会因主动的训练而得到加强。日常生活中，你可以经常转圈、前后滚翻，还有部分体育项目，如摇头操、体操、滚轮、铁饼、链球、篮球等都可以提高前庭功能。案例中游客3气味晕车的原因是气味通过呼吸系统影响植物神经系统的调节功能，引起机体出现多种不适反应，降低机体的耐受性，引发晕车。所以，对抗气味晕车的办法是提高晕车阈限值，加强嗅觉的适应能力。这需要你经常闻闻汽车的味道，以降低嗅觉受体对晕车气味的敏感性，当然，改善车的通风系统也是不错的选择。"入芝兰之室，久而不闻其香；入鲍鱼之肆，久而不闻其臭"就是这个道理。

案例中游客4为什么坐公交车不会太晕，可是坐豪车就会晕车？这是因为，良好的内耳前庭功能，能够接受各种加（减）速度运动刺激。加（减）速度运动刺激是产生晕动病的基本条件之一，但是适宜产生晕动病的加（减）速度运动刺激有一定的范围，那些高频率的颠簸（一般车辆产生）不是它的适宜刺激，而衡稳性能较好的车辆在运行中产生的涌动样的加速度晃动才最合前庭的口味。所以，车辆越高级越容易晕车。

12　宗教旅游也有陷阱与内幕吗?

案例

当前,世界宗教旅游的发展如火如荼,但也存在不少问题。在西方的宗教旅游中有这样一种"降神会"项目(见图1-9)。主持者把室内的灯都熄灭,窗帘遮蔽得严严实实,然后点上一支蜡烛插在烛台上,摆放在桌子中央,大家静静地围坐在四周,盯着那一点微弱的亮光。不一会,人们会发现什么?光点好像开始四处飘动,似乎还有微风轻拂,于是主持人宣布,他所召唤的"灵体"到来了。

图1-9　降神会

相关心理学规律与现象

运动知觉

运动知觉又称为移动知觉,是指对物体在空间的位移和移动速度的知觉。人类有没有专门感知物体运动的器官?没有,对物体运动的知觉是通过多种感官的协同活动实现的。世界上万事万物都处在运动当中，因此，运动和静止是相对而言的。物体运动速度太慢或太快都不能使人产生运动知觉。当人观察运动物体时，如果眼睛和头部不动，物体在视网膜的像的连续移动，就可以使我们产生运动知觉。如果用眼睛和头部追随运动的物体，这时视像虽然基本保持不动，眼睛和头部的动觉信息也足以使我们产生运动知觉。

运动知觉可分为真动知觉、似动知觉。真动知觉是对物体本身以一定速度和轨迹作连续位移的知觉。真动知觉依赖于物体适宜的运动速度。似动知觉是指在特定条件下静止的物体看起来是运动的，把没有连续位移看成连续运动的现象。

 解析

宗教旅游是一种以宗教朝觐为主要动机的旅游活动。自古以来世界上三大宗教（佛教、基督教和伊斯兰教）的信徒都有朝圣的历史传统。凡宗教创始者的诞生地、墓葬地及其遗迹遗物甚至传说"显圣"地以及各教派的中心，都可成为教徒们的朝拜圣地。如耶路撒冷，由于基督徒认为它是救世主耶稣的圣殿所在地，犹太人认为它是大卫王的故乡、第一座犹太教圣殿所在地，穆斯林认为"安拉的使者"穆罕默德曾在此"登霄"升天，故成为基督教、犹太教和伊斯兰教的共同圣地，吸引了大批的海外朝圣者。

我国一直打击邪教组织，国家公布了14个邪教团体和20多个气功组织。其实人们拥有宗教感这种高级情感本身没有错，因为一些超越自然的力量现有科学不能解释，而宗教信徒通过祭拜自己的神灵，认为神灵可以解决一些现实中无法解决的问题，从而产生依赖感，这是无可厚非的事情。但是，如果有邪恶势力利用人们这种神圣纯洁的情感来实现反动的目的，那就是邪教了，同时这种宗教感也会被否认的。

从心理学的角度讲，似动知觉又可以分为以下三种现象：动景运动、诱导运动和游动效应。案例中提到的宗教旅游具有肤浅的一面，从科学角度有并不具有神圣性，事实上它只是利用了似动知觉中的游动效应来愚弄游客。所谓游动效应是指，眼睛静止不动地盯着屏幕上的一个固定光点，不一会儿发现刺激点漂浮移动，这种固定光点的似动现象叫游动效应。为什么会出现这种现象？似动现象之所以出现，主要因为光点缺乏任何视觉的框架作参照，只要附近出

现其他刺激因素，那么这个现象就渐趋消失。飞行员在夜间飞行时经常会遇到这一尴尬情况，把远方明明静止的物体看成是在运动着。其产生的原因主要是光点小，周围没有参考标准。有经验的飞行员就把远方物体和机舱窗户的边框排列在一起，以便正确定向。案例中的蜡烛在空间中并没有发生位移，却能被知觉为运动，这种现象就是游动效应。

13　为什么李先生准备了一周的旅游决策又打消了？

案 例

李先生准备利用十一黄金周领两位老人和 2 岁的孩子去香港自助旅游，想到能一家老老小小一起游玩，他开心极了。这是他和妻子有了小宝宝以来的第一次旅游，也是第一次领老父母出远门旅游。除此之外，此行还有几个任务，就是他们小夫妻想去香港给孩子买一份保险，妻子要去香港买一些高级化妆品，自己还准备去香港理工大学做一个项目考察。李先生想，一定要把这次旅游安排得妥妥当当，让每个人都开开心心，满载而归！不过自己的休假时间不长，回来还要马上上班，所以要把活动安排得满满当当，不枉虚此行。妻子突然感冒了，许多准备工作都需要他自己亲力亲为。他预订了酒店、机票，设计了一条旅游线路。还打算要给老人买一台折叠轮椅，走不动时可以推着老人。还要给孩子办理临时身份证，突然又想起，得买一些晕车药以及感冒、腹泻、止痛之类的急救药，还有老人要随身带的救心丸、助眠药等，以应急需。李先生忙忙碌碌地准备了一周，还有很多没准备好的事情。他感叹：哎，真不想出门了！

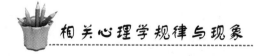
相关心理学规律与现象

耶克斯—多德森定律

是不是凡事动机强一些就能把事情做好？你有没有"越想成功反而越难成

功"的经历呢？耶克斯—多德森定律告诉我们，动机和效果之间不是正比例的线性关系，并不是动机越强，行为就能又快又好地达成目标，而是倒"U"形曲线，如图1-10所示。

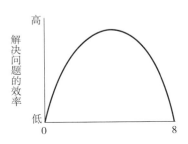

图1-10　动机与行为效果之间的关系

哪一级别强度的动机最有利于任务的完成呢？图1-10告诉我们，无论是做简单的事情，难易适中的事情，还是非常难的事情，心理学家发现，中等强度的动机水平有利于各种行为的完成。即动机处于适宜强度时，工作效率最佳。这是为什么呢？因为动机强度过低时，个体缺乏参与活动的积极性，工作效率不可能提高；若动机强度超过顶峰，过强的动机会使个体处于过度焦虑和紧张的心理状态，干扰记忆、思维等心理过程的正常活动，使学习效率降低。考试中的"怯场""晕场"现象主要是由动机过强造成的。现在反思起来，那些有着强烈学习动机的"头悬梁，锥刺股"的人确实不一定能学好，身体都熬坏了，学习效果就可想而知了。

那么，对于比较容易的任务、难易适中的任务和难度较大的任务，动机的最佳水平分别在哪里？图1-11告诉我们，动机的最佳水平随任务性质的不同而不同。各种活动都存在一个最佳的动机水平。动机的最佳水平不是固定的。

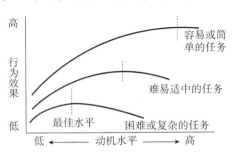

图1-11　任务难度与最佳动机水平

 解析

　　动机是行为的出发点。任何行为的动机可能并不是单一的。旅游行为往往也是多种动机交叉存在的产物。旅游者的动机包括康体休闲观赏名胜古迹探亲访友、学习考察，抑或是多种因素的叠加。任何行为动机包括旅游动机的形成往往是多种动机共同构成的动机体系。

　　动机的多样性决定了动机的强度特征。而动机的强度大小，决定了行为能否产生以及能否持续。不同个体的旅游动机或某一个体的多个旅游动机有强弱不同的表现。当旅游动机达到足以产生旅游行为的强度之时，如果同时具备进行旅游的其他必要条件，动机的强度就很高，就可能推动个体出现旅游行为；如果还不具备必要的条件，则强烈的动机将促使个体为实现旅游的愿望去克服困难、创造旅游条件。不仅如此，组成旅游动机体系的各种旅游动机也都存在强度大小的差别。

　　李先生要带领一家 5 口出门旅游，有老有小，属于哪种程度的任务呢？应该偏属于复杂和困难的任务了。根据耶克斯—多德森定律，在完成简单的任务时（如仅仅为了一家人聚在一起去看看香港），动机强度高，工作效果可达到最佳水平；而在完成难度适中的任务时（如去香港购物、买保险），动机强度中等，工作效果最好；而在完成复杂和困难的任务时（如案例中提到的去香港的多重任务），动机强度偏低，工作效果最佳。这可能是由于动机强度低些，心态会好些，行为会更理性。旅游行为的发生也遵循动机的耶克斯—多德森定律。对于有旅行社周密安排的短途旅行，不需要旅游者操心太多，这样的简单任务，只要动机强度足够，可以实现说走就走。对于需要照顾老人、小孩的旅游者，出游难度适中，也许中等强度的动机更利于出游行为的发生。对于一些有着烦琐手续的长远途旅行，如果需要旅游者自办签证、自定机票酒店、自行租车、自定旅游线路，任务费心太多，若动机太强，反而会觉得麻烦、事太多，阻碍出行计划。反倒是偏低的动机，抱着到时候再说的心态，出游行为实现的可能性更大。

14 为什么"智者乐水，仁者乐山"呢？

案例

不同类型的旅游者，其旅游需要和旅游目的不同，在旅游过程中选择的游玩对象也各有差别。有人注意奇山异水，有人注意人文古迹，有人喜欢安全系数大的大风车，有人喜欢冒险性强的过山车、蹦极。同样是参观秦始皇兵马俑，一名普通游客可能只想知道这个被称为世界第八奇迹的景点是什么样的；而历史专业的学生可能更想知道当时的时代条件和兵马俑的考古价值；而喜欢军事的人想知道古代军队是如何排兵布阵的；有雕塑背景的游客可能更关注兵马俑是怎样制作的。同理，到桂林旅游，对山水风景感兴趣的游客会心醉神迷于漓江风光，而对历史文化感兴趣的游客会对靖江王陵和王城留有深刻印象。

为什么人们有"智者乐水，仁者乐山"的旅游偏好呢？

相关心理学规律与现象

知觉的选择性特征

人的周围环境是丰富多变的，在每一瞬间作用于人的感觉器官的刺激是非常多的，那么人可不可能对同时作用于他的刺激全部都清楚地感知到？可不可能对所有的刺激都做出相应的反应？答案是不可能。聪明的大脑让我们总是把某些事物作为知觉的对象，而把对象周围的事物作为知觉的背景，这样才能保证对知觉对象有一个清晰的反映，这就是知觉的选择性特征。即我们总是选择某些事物或事物的某些特性作为我们知觉的对象，而把其他作为知觉的背景。这两者哪一个能被我们清晰地感知？知觉的对象。哪一个只是被我们模糊地感知？知觉的背景。

知觉中对象和背景的角色是不是固定不变的？不是的。如果主客观条件允许，两者是可以互相转换的（见图1-12）。

图1-12 鲁宾之杯

当我们把黑色作为背景时，就可以看到一个白色的花瓶或杯子，如果把白色作为背景，则可以看到两个黑色侧面人像。除非你恍惚了。我们能否同时看到一个白色花瓶和两个黑色侧面人像？答案是否定的（见图1-13）。

图1-13 木刻画《黎明与黄昏》

《黎明与黄昏》是木雕艺术家艾契尔（M. C. Escher）在1938年的一幅著名木刻画。假如从图面的左侧看起，你会觉得那是什么景象？一群黑鸟离巢的黎明景象；假如先从图面的右侧看起，就会觉得那是什么景象？一群白鸟归林的黄昏；假如从图面中间看起，你可能获得既是黑鸟又是白鸟的知觉经验，也可能获得忽而黑鸟忽而白鸟的知觉经验。这就是知觉的选择性特征。好多艺术家都把知觉的选择性作为艺术创作的手段，通过对象与背景的相互转换，用艺术的形象语言表达科学的内涵和哲学的深邃。

上面的几幅双关图说明，对象和背景在一定的条件下是可以互相转换的，没有绝对的对象和背景。我们在进行造型的时候，绝不能因为重视对象而忽视了背景设计。

 解析

请你想象一块很大的礁石呈现在平坦的沙滩上，你在知觉它时会说看到了什么？多数人会说看到了一块礁石，而不会说看到了沙滩。同理，当游客听导游讲解时，导游的语言就是游客知觉的对象，而周围的其他声音则成为背景。如果某一游客突然大声说话，那么该游客的言语就成了人们知觉的对象，导游的讲解就变成了背景。

处在知觉的过程中，个体并不是对所有的感官刺激都作出反应。个体总是把其中的一些当作知觉对象，而把另一些当作知觉背景，对对象的反应很清晰而对背景的反应较模糊。旅游资源是多种多样的，当旅游者处于丰富多彩、千变万化的环境中，感知什么、忽略什么、拒绝什么，都是根据自己的具体需要进行选择的。也就是说，在一定的时间内，每个游客并不能感受到所有的旅游环境信息，只能有选择地以少数景物为知觉对象，旅游者的这种对旅游信息有选择地进行加工的能力被称为旅游环境知觉的选择性。

我们说"智者乐水，仁者乐山。智者动，仁者静，智者乐，仁者寿"，这就是典型的知觉选择性的运用。山水并存，乐山或乐水取决于什么？取决于人的知觉选择。当对象是自己熟悉的、感兴趣的内容时，或与人的需要、愿望、任务相联系时，就容易被感知，如在嘈杂的环境中听见有人喊自己的名字。旅游者在年龄、性格、工作性质、民族传统、宗教信仰、生活方式、生活习惯、文化水平、经济条件、兴趣爱好、情感意志等方面存在不同程度的差异，他们的心理需求也是不一样的，知觉选择的结果也大不相同。

知觉的选择性不仅存在于旅游活动中，日常生活中随处可见。

如图 1-14 所示，联邦快递的换标理由非常有趣。品牌顾问公司认为应该将"Federal Express"改为缩写"Fed Ex"，以减少载体（飞机、卡车）上使用油漆的数量，这项改进真的为联邦快递每年节省了不少花费。而且，你发现了吗？当以字母 E 和 X 为知觉背景时，我们很容易知觉出一个白色箭头。这个白色箭

图 1-14　联邦快递的 Logo

头象征着什么？快递的高精度、高速度以及高准确度，这也是用户最为看重的三点。标志在颜色上运用了蓝色与橙色这组强对比色，具有强烈的刺激感，从而更容易吸引人们的眼球，所以在视觉上会给人们留下深刻的印象。整个 Logo 没有多余的装饰，却也可以看出小标志里的大智慧。

15　布朗一家为什么后来不去旅游了？

案 例

　　2000 年，布朗先生与太太结为夫妇，他们都非常热爱帆船运动，因此在法国的里维埃拉度过了蜜月。除了帆船和其他一些冒险活动以外，布朗夫人也比较喜欢参观艺术博物馆。但是，由于布朗先生不喜欢，布朗夫人选择了放弃。2002 年情况发生了变化，他们有了两个女儿。布朗先生依旧沉迷于帆船运动，但布朗夫人放弃了。2008 年，他们选择到希腊一个小岛上的农庄度假，这是为了他们的孩子，也为了夫妻间更好地沟通。2012 年他们选择到美国度假，重点游览了一些美国名校。这是为孩子未来的求学提前考察与选择。2014 年，布朗夫人想到古老的中国旅游，体味东方文化的神韵。但布朗先生想去巴西旅游，以便现场观看四年一次的世界杯足球赛。最后由于孩子学习困难且家庭预算紧张,他们哪里都没有去。

相关心理学规律与现象

家庭生命周期

家庭生命周期是一个家庭形成、发展直至消亡的过程。反映家庭从形成到解体呈循环运动的变化规律。家庭生命周期最初由美国人类学家格里克于1947年提出,在市场营销学中,特指消费者作为家庭成员所经历的家庭各个阶段形态的变化,用以分析和揭示消费者在不同阶段消费的形式、内容和特征等,从而成为市场细分的变量。家庭生命周期一般可以分为单身阶段、新婚阶段、满巢阶段、空巢阶段、退休阶段和鳏寡阶段六个阶段,也即家庭的形成、扩展、稳定、收缩、空巢与解体六个阶段。六个阶段的起始与结束时间,一般以相应人口事件发生时丈夫(或妻子)的均值年龄或中值年龄来表示,各段的时间长度为结束与起始均值或中值年龄之差。例如,如果一批妇女最后一个孩子离家时的(空巢阶段的起始)平均年龄为55岁,而她们的丈夫死亡时(空巢阶段的结束)的平均年龄为65岁,那么这批妇女的空巢阶段为10年。

解析

家庭生命周期这个概念综合了人口学中占中心地位的婚姻、生育、死亡等研究课题。由于婚姻、生育、死亡等人口过程都是发生在家庭里的,对家庭生命周期的研究可以对这些人口过程的机制进行更深入的认识与剖析,避免传统的人口学把婚姻、生育、死亡等人口过程分离开来孤立地进行研究的弊端。家庭生命周期的概念在社会学、人类学、心理学乃至与家庭有关的法学研究中都很有意义。处于家庭生命周期的不同阶段,人们的旅游行为具有不同的特征,具体而言,在单身阶段以背包游等刺激型旅游为主,对价格较敏感。在新婚阶段,蜜月游比较多,预算充裕。在有子女的阶段,以适合孩子出游为中心,热衷亲子游。在空巢阶段,以城市休闲游为主,常与探亲结合。这就不难理解案例中布朗一家人的旅游行为为什么一直变化了。

16　为什么越来越多的旅游者希望来一次背起书包说走就走的旅行？

案例

　　王宁与李亮是大学舍友，十一长假他们商量着不准备回家，而是去山西旅游。王宁喜欢去久负盛名的旅游胜地、住标准化的酒店，旅游前预订好一切行程以及车票、门票、房间，整个行程都要按计划按部就班地执行。但是李亮宁愿去人迹罕至的地方也不愿去旅游胜地，宁愿选择偏僻的小路也不愿走阳关大道，宁愿去吃地方小吃也不愿吃大餐，宁愿骑车、骑马、骑驴也不愿坐豪华轿车，宁愿自己游览也不愿听导游解说。王宁说："按计划旅游多安全省心呀！"李亮反驳："难道人的原本生活就是这样的吗？其实是充满很多不确定因素的！我就喜欢来一次背起书包说走就走的旅行！"最后，他俩还是没达成一致，旅游的事也泡汤了。这是为什么？

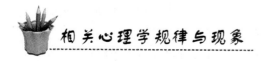

相关心理学规律与现象

单一性需要与复杂性需要

　　为了更精准地把握人类的需要内涵，可以从不同的角度对需要进行划分。

　　按照需要的起源可以将需要划分为自然需要和社会需要。自然需要又称为生理需要，是人类维持生命和繁衍后代的必要条件。社会需要，也指心理需要。指人类在一定社会环境中，对劳动、知识、社会道德、审美、宗教信仰、成就、尊重等方面的需要。

　　按照需要的指向对象可以将需要划分为物质需要和精神需要。物质需要是对社会物质产品的需要。如旅游者对旅游活动中衣食住行的需要。精神需要指人们对精神生活和精神产品的需要，如对知识、审美、艺术鉴赏、宗教信仰、道德、友谊、荣誉、地位、成就、自尊等方面的需要。

　　按需要的多样性与否可以将需要划分为单一性需要与复杂性需要。单一性需要是指人们对平衡、和谐、没有冲突和可预见的事物或现象的寻求和向往。复杂性需要是指人们对新奇、出乎意料、变化和不可预测性事物或现象的向往和追求。

 **解析**

　　旅游者都喜欢去久负盛名的旅游胜地，住标准化的、牌子响亮的连锁酒店，旅游前都预订好了一切行程路线和车票、房间、门票，整个行程都按计划按部就班地执行，这符合大多数旅游者的单一性需要。

　　但是，人的原本生活是这样的吗？不是。这个世界是充满很多不确定因素的，变化是这个世界的法则。事先不订门票、不订车票、不订房间，来一次背起书包说走就走的旅行？这些旅游者可能更喜欢去别人没有光顾的地方，宁愿选择偏僻的小路，去吃地方小吃，宁可骑自行车、骑马、骑驴旅行也不愿坐豪华旅游车。这是为什么？人们之所以追求复杂性的东西是因为这些东西本身能给人们带来刺激和挑战、满足和愉悦。因为生活的本来面目就是这样的，新奇、出乎意料、变化和不可预测性，地震海啸等自然灾害让人们发出无奈的感慨——珍惜当下，因为谁都不知道意外和明天哪一个会先到来！体验这种不确定的生活正是享受生活和理解生活的方式。

　　从需要的单一性与复杂性方面来分析，旅游者存在求平衡的动机。求平衡的动机是指旅游者需要在变化与稳定、复杂与简单、新奇与熟悉、紧张与轻松等矛盾心理中寻求一种平衡。寻求平衡不仅要在矛盾心理的两个极端之间找到一个"平衡点"，而且要实现两种相反的事物或状态的交替出现，从"交替"中得到平衡。外出旅游是日常生活的"中断"，旅游作为"日常生活之外的生活"，必须与日常生活有明显的差异，但又必须与日常生活有一定的连续性。旅游者通过追求一种似曾相识又与众不同的生活模式来满足平衡需要的单一性与复杂性的心理需求。

　　那么，怎样去满足游客的复杂性需要，正是相关企业走出"瓶颈"的发展之路。为解决这一问题，东京迪士尼乐园和海洋乐园的酒店、餐馆等旅游接待设施都是外旧而内新：酒店的外观是仿近代的欧洲城堡建造的，保持了旅游者对建筑的恒常性并增加了亲切感，成为主题公园的一道景观。而其内部装修成豪华且舒适的，具有非日常性特点的酒店，这也是迎合游客单一性和复杂性需要的体现。

案例中王宁与李亮虽然都应在单一性需要和复杂性需要中寻找平衡点，但他们对新奇和变化的需要程度有高低之分。李亮是具有强烈复杂性需要的人。他喜欢冒险，喜欢尝试新鲜的、与众不同的东西，喜欢到人所未知的地方，可能也喜欢从事一项令人惊叹的活动，如翼装飞行，并愿意付出一定的代价。当然，他也会在行动之前权衡一下是否值得冒险，因为冒险本身不是他的目的，他的目的就是想做一些与众不同的事，可以满足自己内心的复杂性需要，或者可以得到人们的羡慕和尊重。而王宁是偏向于单一性需要的旅游者。这一类旅游者比较传统，对任何新事物都持怀疑态度。只有当新的旅游产品已经被大众公认时，他们才去购买，否则会感到没有把握，放心不下。事实上，他们充当"随大流"者。即使他们选择了新的与众不同的旅游产品，也要做适当的观望，评估风险与收益之后再行动。需要与追求不同，难怪他们不会结伴而行。

17　带着小孩子去旅游对其成长有意义吗？

案例

下面是一位经常带孩子旅行的家长的随笔：

Pony4岁时，我们第一次带他出门远行，到海南三亚。从此，我们带孩子旅行的脚步再没有停止：5岁进贵州；6岁上草原；7岁游遍瑞士四大语区；不到8岁乘房车从中国云南出发行驶5000千米历时18天环游泰国、老挝；未满9岁周游洪水泛滥时的斯里兰卡，随我们从荷兰、比利时一直自驾到法国巴黎；2020年初，往返飞行80多个小时，穿越"魔鬼海峡"，行程26000多千米，相当于绕地球赤道半圈，踏上南极大陆。从幼儿园小班到小学四年级这6年时间，近10万千米路程，我们和孩子牵手走过。

第一次到海南，由于我们经验不足，儿子着了凉，因肠痉挛在返程飞机上1号啕大哭，我们不得不求助全体乘客找医生；在泰国，因为不小心触碰到摩托车排气管，他的腿被烫伤，抹了"曼秀雷敦"坚持到老挝万荣，就直接裸体下河和当地孩子捞水草了；欧洲自驾，他一路听着英语的 GPS 为爸爸指路；等到去南极，我因晕船根本起不了床，打电话叫客房服务、听邮轮英语广播通知等事情，全靠他搞定；今年暑假，他已经独自上路，自己从北京飞上海再转机飞瑞士，去参加为期 21 天的国际夏令营。

在路上的成长经历，不仅让他具备了换被单、打包行李、自己热饭这些生活能力，也提高了他的英语水平，让他能够自如地在旅行中与人交流，甚至能听懂专业演讲，还开始了第二外语法语的学习。更重要的是，他没蜕变成埋头书本唯父母、老师是从的乖孩儿，他读《安妮日记》，看原版《与狼共舞》，听汪峰的歌儿，自己开办"小马家庭图书馆"，参加世界青少年模拟联合国峰会活动，他活泼、幽默、善良，乐于分享，热爱荒野，愿意仰望星空，有自己的主见和想法，懂得朋友、分享、合作、规则这些重要的东西。

在泰国，我们参观了一家博物馆，看到了东南亚的制陶文明。回来后，他迷上了做陶。做陶让他体会到自由创意与埋头苦干之间的关系。去瑞士夏令营，他爱上了骑马，骑马教会他专注、坚持以及与马匹和谐相处，在运动中思考。南极归来，他开始关注探险、环保，着手创作中英文南极探险小说，想与更多的伙伴分享他的南极经历，他梦想着有一天自己开帆船再回去，不是为了自己，而是为了南极。

起初上路，我们以为是自己带他看世界，想让他知道，走得越远，看得越多，懂得越多，眼界和心胸越宽阔。慢慢地，我们发现：在泰国，当我们迷路而执着于研究地图时，是儿子走出去找到当地人为我们指明了路；在斯里兰卡，在我们因为饮食习惯而发怵尝试当地的各色咖喱时，儿子已经和当地人同桌入乡随俗用手开始吃饭了；在南极，当我们急于为他指这指那不想让他错过企鹅、冰山、座头鲸这些"必看"风景时，儿子却说："我要做自己的船长，发现自己的大陆。"

原来，带孩子旅行，不是我们带他看世界，而是世界借由他的眼睛和心灵，来到我们面前，我们一起出发去看，才能把这个世界看全。走出去，就知道，即使到了世界尽头，地理距离也可以衡量；但，在路上，才懂得，教育这件事，永无穷尽。所以，作为父母，我们不用焦虑地总想为孩子规划好跑道，总想拽着孩子一路抢跑，不妨试试陪伴他走一段路，无论是坦途还是歧路，学会放手，让他有独自上路的勇气和能力。①

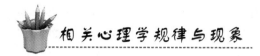

相关心理学规律与现象

大脑的结构：海马体

生理心理学家 Nora S. Newcombe 曾说，"我们对于人生的回忆就是情境记忆"，"从进化上来说，海马体的一大功能是帮我们进行导航。一个合理的推测是，它也被用来记录情境记忆，因为它的神经结构非常适用于这个功能。"1978年，生理心理学家林恩·纳德尔和约翰·奥基夫发表了一本巨著《认知地图：海马体》。在这本书里，他们提出海马体就是人类和其他动物表征空间和环境的地方：海马体就是空间记忆、方向感和导航能力的所在地。他们还提出了一个重要的理论：我们的空间记忆系统同时也储存着我们关于自身的记忆。当我们回忆往昔的时候，实际上是在海马体里进行时光旅行。他们还发现，大鼠海马体里有一种叫作位置细胞的神经元，当大鼠来到特定的环境里，这种神经元就会放电。环境的不同特征会引起不同位置细胞的活动，这就是认知地图的起源。因为这项研究，奥基夫获得了 2014 年的诺奖。后来，科学家们逐渐在海马体里发现了其他和空间记忆以及导航有关的细胞，其中包括头向细胞（和头在水平方向上的方位有关），网格细胞（类似坐标系的功能）和位置细胞（特定的环境会引起位置细胞的活动）。这些神经元可以被物理经验和身体运动所塑造，也就是说，环境的复杂程度会影响这些神经元的数量以及海马体的体积。

1997 年，美国索尔克研究所的研究者发表在《自然》的一项重要研究发现，生活在有趣丰富的环境（比如有跑步的滚轮和玩耍的管道）里的小白鼠的神经元比生活在无聊环境的小白鼠多 4 万个。这些额外的神经元使它们的海马体涨大了 15%，且明显更加机灵好动，反应敏捷。同时，在对不同组老鼠的解剖之后发现：在多重感官刺激环境中生活的老鼠，大脑皮层更重且更厚；大脑中的乙酰胆碱酶也更具活性。而这个乙酰胆碱酶，正是激发孩子神经冲动传递的重要物质，活性越高，孩子的记忆力、学习能力也越强。在进一步对人的观察和研究中，其他科学家也陆续发现，丰富环境中的生活经历有助于提高学

---

　　①　摘自网络文章《旅行，孩子和我们共同成长》，http：//chuansong.me/。

习力。

儿童的海马体的大小和功能在出生后的一段关键时期里被环境塑造，活跃的探索和玩耍对幼儿海马体的养成有好处。瑞士的神经科学家 Pierre Lavenex 和 Pamela Banta Lavenex 发现，人类海马体的不同功能区域的确是依次发育的。到了 7 岁左右，儿童海马体的体积和他们的情境记忆就出现了显著的相关性，海马体越大的孩子越容易记住一件事。出生后，婴儿时期和童年是海马体发育的重要时间窗口。在这段短暂而关键的人生阶段，新的神经元细胞不断地塑造空间认知能力。而对于海马体的发育来说，探索世界和活动身体对空间认知能力的培养至关重要。

美国的神经科学家 Alessio Travaglia 表示，"许多人认为大脑的功能主要取决于年龄和基因。但是我们的研究发现，大脑的发育并不是一个固定不变的程序，而可以被经验和体验雕刻。出生在纽约还是沙漠，大脑获得的信息截然不同"，而它的发育也会走上不同的轨迹。

 解析

心理学家的研究成果表明，海马体发育成熟有一段敏感的窗口期，如果在这段期间它没有接受足够的刺激，它的发育就会受阻。没有在对的时间接受足够的环境刺激，认知功能就会受损。所以，先天遗传资质一样的孩子在不同的环境下，大脑发育会有显著不同。但是，当代的儿童的户外活动时间和儿童自由玩耍的时间与上一代人相比减少了 1/4，不少学术组织建议，儿童每天要有 2 小时的体育活动，要给孩子足够多的玩耍和户外探索的时间，而不要让他们小小年纪就呆坐在教室和书房里，让海马体失去宝贵的"扩张"时机。

所以，"带上孩子旅行太麻烦""带孩子旅行啥也不懂，还可能会生病，不如不带"等这些观点是狭隘片面的。孩子在旅行中的经历，恰好为孩子提供了丰富感官刺激的环境。孩子们来到与之前完全不同的生活环境，见到各种各样的人，在旅途中的所见所闻，这些都会对孩子大脑培养产生积极的效果。

18　具有远方崇拜情结的人，就一定会去远方旅游吗?

案 例

一家旅行社里的墙上，写着这样一则旅游广告——

凡是遥远的地方，

对我们都有一种诱惑，

不是诱惑于美丽，

就是诱惑于传说

即使远方的风景，

并不尽如人意

我们也无需在乎，

因为这实在是一个

迷人的错……

这首诗能否唤醒你去远方旅游的情愫呢?

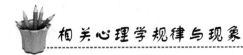

相关心理学规律与现象

空间知觉；距离知觉

空间知觉是指人脑对客观事物空间属性的反映。具体来说，是人脑对物体的形状、大小、距离和方位等空间特性的反映，于是形成了形状知觉、大小知觉、深度知觉、方位知觉等。人类有没有专门的器官来完成空间知觉呢? 没有，它是由多种感觉器官联合协调活动的结果。深度知觉包括立体知觉和距离知觉。它是以视觉为主的多种分析器协同活动的结果。在我们的学习与生活中，空间知觉具有重要的作用。例如，学习汉语拼音、汉字时，需要正确辨别上下左右的空间方向，否则难以顺利地掌握拼音汉字的结构、形状和方位。如果一个人的空间知觉不准确，当横穿马路时，会把近在 10 米的汽车误断为 50 米开外，这样就容易发生危险。研究还证明，男性的空间知觉能力比女性强得多。因此，男司机开车会走近路，对路线方向比较敏感。

 解析

　　案例中的旅游广告其实是选自汪国真写的一首现代诗《旅游》，它能够在一定程度上唤醒游客异地旅游的动机。异地性是旅游的重要特点。旅游者总是要离开常住地到异地景点旅游，这就形成了旅游距离。每个人都有"远方崇拜"心理，那么是不是具有这种远方崇拜情结，就一定会去远方旅游呢？答案是不确定的。因为所有的旅客都知道，旅游是要付出代价的，包括时间、金钱、体力和情感等。旅游距离越远，虽然吸引力越大，但同时付出的代价也越大。这些与距离成正比的代价，即旅游决策的摩擦力，抑制了人们的旅游动机，阻止了旅游行为的发生。事实上，旅游者对远距离的知觉可能存在一些知觉歪曲或知觉失真。较远的旅游目的地往往被看成在与其实际距离不相符的位置上，甚至会认为它是在另一个世界上，遥远得了不得。这就是距离知觉对旅游决策的阻碍作用。

　　当然，旅游距离对旅游决策的影响，不仅是一种起着阻碍、限制的反作用。我们常说"距离产生美"。事实上，无论是人与人之间，还是人与物之间，不论是心理距离还是空间距离，人们在感知客观对象时，距离越远，信息的不确定性越强，给人的想象空间就越大。因此，远距离目的地无形中有一种特殊的吸引力，能使旅游者产生一种神秘感、朦胧感，于是远方崇拜心理就产生了。其实人类本来就有探索未知世界的强烈意识与愿望，这就使神秘和陌生反而构成了独特的吸引力。于是有的人宁愿去舍近求远，宁愿到陌生、遥远的地方去旅游。因此，距离对旅游心理除了有阻碍作用，我们还应看到它所起的正向激励作用。

　　空间距离是人们进行旅游决策时不可忽视的因素之一。旅游遵循一种距离规律，即"先近距离旅游后远距离旅游，先国内旅游后国际旅游"。因此，在旅游初级阶段，旅游者是不太会进行远距离旅游的。旅游者首先会到距离近的

旅游目的地去旅游，因为付出的金钱较少、时间较短，付出的体力、精力不多，外出方便，有安全感和自我控制感。

　　前面我们提到，距离对旅游决策的阻碍作用与激励作用同时存在，那么两者会互相转化吗？有没有旅游者在面对得到的乐趣和收获差不多的两地时舍近求远？答案是肯定的。随着人们旅游经验的丰富，人们收入水平的提高，这种由神秘、陌生和美的因素构成的吸引力会越来越大，而那些付出的摩擦力会减小，有时距离吸引力的激励作用会超过距离摩擦力的阻止作用，把旅游者吸引到距离遥远的地方去旅游。再加上那些近距离的旅游景点已经观赏过了，有些甚至已经多次游览过，这时，这些近距离的旅游景点便失去了吸引力，反而会阻止旅游者去旅游，这时吸引力就变成了摩擦力。这一现象告诉我们，距离对旅游心理的阻碍作用和激励作用是可以转换的。

第二篇
服务与发展

当前我国的旅游事业发展迅猛，旅游最大的特点在于服务，而服务的对象是人，这就决定了围绕着旅游的一切活动必须以人的心理为依据，贯穿整个旅游活动。可以说，谁把握了旅游者心理，谁就可以把握旅游市场的变化，谁就可以抢占市场先机。如果忽视了心理的分析与研究，去大谈宏观的旅游服务管理、旅游政策、旅游营销以及旅游业可持续发展，那么一切理论假设都可能成为无源之水、无本之木。

高质量的旅游服务，并非指程式化的外在操作步骤，亦非指工作人员多么敬业专业、设计的旅游线路多么盈利。"得人先得心"，真正的旅游是旅游者的旅游，只有把握了旅游者的心理和行为特征，了解其需求，旅游工作者才算是为旅游者提供了满意优质服务。如果漠视旅游者自身的需求和旅游过程中的心理规律，无视他们想听些什么、关注什么，那么旅游消费者和旅游服务者两者就永远处于对立的角色状态中。

19　如何帮助游客理解有关那座大佛的数字描述？

案例

请比较下面两段导游词的讲解效果。

导游 A："这座大佛高 71 米，头长 14 米，宽 10 米，脚背有 8 米多宽……"

导游 B："这座大佛高 71 米，其中它的头长就有 14 米、头宽 10 米，大家可以想象一下，这座大佛头顶中心的螺髻是可以放得下一个 10 人餐的大圆桌的。大佛的脚背有 8 米多宽，也就是说，脚背上站 100 个人，一点也不会拥挤。"

相关心理学规律与现象

建构主义的信息观

认知，是指人认识外界事物的过程，即对作用于人的感觉器官的外界事物进行信息加工的过程。这是人最基本的心理过程。人脑接受外界输入的信息，经过头脑的加工处理，转换成内在的心理活动，进而支配人的行为，这个过程就是信息加工的过程，也就是认知过程。

认知心理学是 20 世纪 50 年代中期在西方兴起的一种心理学思潮。它的研究重点转移到了那些不能观察的内部心理过程，如感觉、知觉、注意、知觉、表象、记忆、思维和语言等高级心理过程。那么在知觉的基础上，人们如何认知客观世界呢？心理学家皮亚杰、柯尔伯格、卡茨、斯滕伯格有着不同的思考。我们将他们的观点命名为"建构主义心理学派"。在分析建构主义信息观之前，我们先看一个有趣的故事。

青蛙和鱼同住一口井中，一天青蛙出去旅行，回来后向鱼讲起外面的新鲜事，说外面有一种奇怪的动物，人们称其为"牛"，它长着两只角，四个粗粗的蹄子，一条长长的尾巴，吃草为生。鱼听了青蛙的话，其脑海中会形成的牛的什么样的形象呢？大家可以设想一下（见图 2-1）。

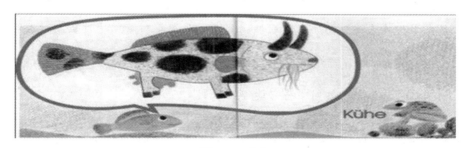

图 2-1　牛鱼

由案例我们思考以下问题：①信息本身是不是就具有其意义？不具有，建构主义心理学流派强调，信息本身是不具有意义的，意义是由知觉者自身建构起来的。②客观输入的信息"牛"可以和主观获得的信息画等号吗？不能。个人信息的获得一定是主观与客观相结合的产物。只有客观输入，无视主观认知，就不会形成真正意义上的知识。知觉者已有的认知经验不同、理解的视角不同、社会地位不同、受教育程度不同等，其建构的意义也大相径庭。这就是一千个读者就会有一千个哈姆雷特的原因。③主体对客观信息的建构一定是存储信息、阐释信息吗？鱼一定会将青蛙所讲述的有关牛的形象照单接收并全部还原吗？不是的，能将信息全部还原只是信息输入者的一厢情愿。面对客观信息，个体大脑的建构过程不仅包括存储、阐释，还包括加工、发现，甚至是案例所提到的误读。因为人们在感知事物时，总是根据自己过去的认知经验去解释它、判断它，这就是建构主义信息观的内涵。

 **解析**

　　案例中导游A讲到"这座大佛高71米，头长14米，宽10米，脚背有8米多宽"时，他是否充当了游客信息建构的支持者呢？没有，这几个干巴巴的枯燥数字，可能会使游客听来一头雾水，甚至造成游客思维的逃逸，为什么？因为他没能调动游客的认知经验。而为什么导游B的讲解起到了引导认知、促进理解的作用呢？因为他把游客的所想所疑都预设在导游词的设计中，并且调动游客已有的认知经验去解说，帮助游客建立起一个最接近于"牛"的形象，而不是"牛鱼"的形象。这就不难理解为什么鲁迅先生论《红楼梦》时，曾说"经学家看见了《易》，道学家看见了淫，才子看见了缠绵，革命家看见了排满，流言家看见了宫闱秘事"。

　　理解了建构主义信息观，就不难理解来山西杏花村游学的外国留学生对下面这几个字的误读为什么如此多元。

　　清明时节雨纷纷路上行人欲断魂借问酒家何处有牧童遥指杏花村

　　对戏剧创作感兴趣的同学将它读作"短剧"：

　　清明时节（时间），雨纷纷（场景、近景），路上（地点），行人（人物），欲断魂（情绪）。借问酒家何处有？（对白），牧童（人物）遥指（行为），杏花村（远景）。

　　传说，这首七绝是杜牧担任池州刺史（位于安徽）时，为城西杏花村所生产的名酒叫"杏花大曲"所创作，了解这一背景的学生，把它看作"有关酒的广告词"，原来弥漫在诗句中是阵阵酒香。

搞营销的同学把它看作对一个叫杏花村酒店的宣传，从而把它读作"小令"，节奏明快、吸引着顾客。

清明时节雨，

纷纷路上行人，

欲断魂，

借问酒家何处？

有牧童，

遥指杏花村。

20 导游为什么把导游词说成了悼词？

一位导游在带领游客前往国家3A级旅游景区乌兰夫纪念馆参观时，向游客说了以下一段导游词——

游客朋友们，大家早晨好！我们即将参观的是国家3A级旅游区乌兰夫纪念馆。乌兰夫，久经考验的共产主义战士、党和国家优秀的领导人、杰出的无产阶级革命家、卓越的民族工作领导人，1949年后，乌兰夫同志历任中央人民政府委员、政务院委员、国防委员会委员，中央民族事务委员会党组书记、主任、中央民族学院院长，华北行政委员会委员，中共中央华北局副书记、中共中央内蒙古分局书记，绥远省人民政府主席，国务院副总理，内蒙古自治区党委第一书记、自治区人民委员会主席，内蒙古军区司令员兼政委，内蒙古大学校长，中共中央华北局第二书记，内蒙古自治区政协主席，五届全国人大常委会副委员长，五届全国政协副主席，中共中央统战部部长，中华人民共和国副主席，七届全国人大常委会副委员长。1955年被授予上将军衔。乌兰夫同志是中国共产党第七届候补中央委员，第八届中央委员、政治局候补委员，第十届中央委员，第十一届和第十二届中央委员、政治局委员，因病于1988年12月8日在北京逝世，享年82岁。乌兰夫同志在我国社会主义革命和建设中，作为党和国家的领导人，为加强国防建设和政权建设，为民族工作的健康发展，为做好新时期统一战线工作，呕心沥血，鞠躬尽瘁，为国家富强、民族繁荣，做出了不可磨灭的功绩。

游客朋友们，我们现在看到的乌兰夫纪念馆坐落于呼和浩特市新华西街乌兰夫公园（原呼和浩特市植物园）的绿树掩映之中。乌兰夫纪念馆与乌兰夫故居一并于 2005 年初被国家旅游局确定为"100 个全国红色旅游经典景区"之一。下面我们进展厅详细参观……

乌兰夫纪念馆展览面积 1400 平方米，分为序厅及八个展室，两个展廊，我们现在所在的就是序厅。正对我们的是 3 米高的乌兰夫同志汉白玉坐像，他面容慈祥、神态沉稳，而东西两壁上为四组高 5.5 米、宽 3.5 米的大型仿汉白玉浮雕，以画龙点睛之笔刻画了从五四运动至今，在风雷激荡的八十多年中，中国人民，尤其是内蒙古人民，为争取民族解放、祖国统一，为中国革命和建设做出的奋斗牺牲，成为中国革命史的重要组成部分。以乌兰夫同志为首的老一辈无产阶级革命家，既是参加者，又是领导者，他们和全国人民一道共同书写了这壮丽篇章……

 相关心理学规律与现象

加涅的信息加工学习理论

认知心理学家加涅认为，学习是一个有始有终的过程，这一过程可分成若干阶段，每一阶段需进行不同的信息加工。在各个信息加工阶段发生的事件，称为学习事件。学习事件是学生内部加工的过程，它形成了学习的信息加工理论的基本结构。加涅认为，与此相应的教学过程既要以学生的内部加工过程为依据，又要影响这一过程。因此，教学阶段与学习阶段是完全对应的。在每一教学阶段发生的事情，即教学事件。

加涅认为，每个学习内容可以分解成八个阶段，分别是动机阶段、领会阶段、习得阶段、保持阶段、回忆阶段、概括阶段、作业阶段、反馈阶段（见图2-2）。

图 2-2 中，左边是学习阶段，其中方框上面是该阶段的名称，方框里面是该阶段内部的主要学习过程；右边则是教学事件。这样，学生内部的学习过程一环接一环，与此相应的学习阶段把这些内部过程与构成教学的外部事件联系

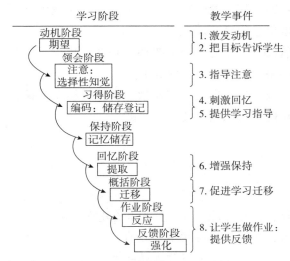

图 2-2 加涅的信息加工理论

起来了。具体来说：

第一，动机阶段。有效的学习必须要有学习动机，这是整个学习过程的开始。它是借助于内部的心理期望而建立。期望就是指学生对完成学习任务后将会得到满意结果的一种预期，它可以为随后的学习指明方向。

第二，领会阶段。有了学习动机的学生，首先必须接受刺激，即必须注意与学习有关的刺激，而无视其他刺激。当学生把所注意的刺激特征从其他刺激中分化出来时，这些刺激特征就被进行知觉编码，储存在短时记忆中。这个过程就是选择性知觉。

第三，习得阶段。当学习者注意或知觉外部情境之后，他就可获得知识。而习得阶段涉及的是对新获得的刺激进行知觉编码后储存在短时记忆中，然后再把它们进一步编码加工后转入长时记忆中。教师可以给学生提供各种编码程序，鼓励学生选择最佳的编码方式。

第四，保持阶段。学生习得的信息经过复述、强化后，以语义编码的形式进入长时记忆储存阶段。

第五，回忆阶段。学生习得的信息要通过作业表现出来，信息的提取是其中必需的一环。所以，对于教学设计来说，通过外部线索激活提取过程固然重要，但更重要的是使学生掌握为自己提供线索的策略。

第六，概括阶段。学习过程必然有一个概括的阶段，也就是学习迁移的问题。为了促进学习的迁移，教师必须让学生在不同情境中学习，并给学生提供在不同情境中提取信息的机会。

第七，作业阶段。作业的一个重要功能是获得反馈；同时，学生通过作业看到自己学习的结果，可以获得一种满足。

第八，反馈阶段。当学生完成作业后，教师应给予反馈，让学生及时知道自己的作业是否正确，从而强化其学习动机。

 **解 析**

导游词的设计、撰写与讲解活动都是需要建立在游客认知心理的基础上的。然而一般人却认为，导游词的结构不外乎自我介绍、景点概述、景点分述、结语这四大部分。事实上这样公文写作式的导游词无视游客的客观存在，无异于悼词，这样的导游完全可以被机器、软件程序、录音机所替代。

加涅的认知加工理论形象直观地描绘了听者与说者之间的关系。旅游者聆听导游的讲解过程，正是一个凝缩的学习事件，旅游者是特定时空下的学习者，导游的讲解过程正是一个与游客学习事件相对应的教学事件。此时导游的讲解艺术就在于使游客的学习事件与自己预设的教学事件完全吻合。

一个完整的学习过程是由上述八个阶段组成的。在每个学习阶段，学习者的头脑内部都进行着信息加工活动，使信息由一种形态转变为另一种形态，直到学习者用作业的方式做出反应为止。导游的讲解活动虽不是严格意义上的课堂教学活动，但要想让游客有"获得感"，就必须遵照科学的教学程序与学习的基本原理来进行。导游可以不为旅游者对信息的保持、回忆、概括、迁移等学习阶段负责，但必须对学习动机、领会与习得阶段负责。有效的导游词解说需要导游根据游客的内部学习条件，创设或安排适当的外部条件，促进听者吸收、同化相关知识。

据此看来，导游词的设计不是聊天，不是讲课，更不是演讲，它既是科学，也是艺术。心理学视角下的导游词讲解必须要"目中有人"。案例中的导游由于没有相关的心理学知识，把导游词开场白说成了悼词，是一种单向沟通的讲解模式。如果按照加涅的科学理论设计这段导游词，前面一段关于乌兰夫的介绍要穿插到后面的展厅介绍中，而不能长篇累牍地堆砌在开场白里。

21　王先生的脾气为什么越来越小了？

案 例

团队入境刚两天，全陪小孔就发现团里的王先生火气越来越大。

王先生是某大公司的部门经理。刚入境的时候，小孔觉得这位王先生比较豪爽，待人接物也通情达理。可是第二天他的火气就上来了，莫名其妙地对人发脾气，还特别好为人师，连他太太都觉得不好意思了。

小孔不知道怎么办才好，向同事请教。同事问了些有关王先生的职业等基本情况，又问："王先生发脾气的时候有没有其他客人在场？"小孔想了一下说："差不多都是有其他客人在场的。不过，我看他并不像是对某一位客人有意见，他每次发脾气的时候，在场的客人并不相同。"

听了小孔的话，同事对他说："这就好办了！你每天抽出一点时间去和王先生聊聊天，聊的内容最好是让他谈谈他获得成功的经历。你要做一个好听众，要装出一副'小妹妹'的样子，听得特别认真。照此办理，王先生的火气肯定会越来越小！"小孔后来很高兴地对同事说："你教我的这招还真灵，那位王先生的火气真是越来越小了。我就是不明白，你怎么会这么神呢？"①

相关心理学规律与现象

马斯洛需要层次理论

西方人本主义心理学家马斯洛在解释动机时强调需要的作用，他认为所有的行为都是有意义的，存在即合理；没有一个行为是盲目的，每个行为都有其特殊的目标，这种目标来源于我们的需要。他认为，人的需要分成五个层次：

---

① 摘自《互联网文档资源导游多维心理分析案例003》，https：//wenku. baidu。

生理需要、安全需要、归属与爱的需要、尊重的需要、自我实现的需要。后来马斯洛又增加了两种需要：认识与理解的需要、审美的需要，把人的需要分为七种。

他将前四种需要定义为缺失性需要，它们对生理和心理的健康是很重要的，必须得到一定程度的满足，后三种需要是成长性需要，它们很少得到完全的满足。而且，较低级的需要至少必须部分得到满足之后才能出现对较高级需要的追求。当基本的生理需要很紧迫，其他需要就处于被压抑状态。所以，如果人们还没有解决温饱问题的话，一般不敢奢望通过旅游来陶冶情操、提升审美、实现自我。

这里要详细探讨尊重的需要这一层次。尊重的需要是由社会尊重需要和自我尊重需要构成的，并且两者是平衡的，它们就像天平的两端，如图2-3所示。

图2-3　自尊的构成

也就是说，社会尊重的严重不足会极大地激发自我尊重的需要，自我尊重的高度满足会减弱社会尊重的需要。自尊分数高的沟通者，其社会尊重需求不高，表现在社交行为上是随和友好的；而自尊分数低的沟通者，其社会尊重需求相对要高，在社交行为中可能会有敏感倾向。

解析

人本主义心理学研究证明，尊重的需要是由社会尊重需要和自我尊重需要构成的，并且两者是平衡的。社会尊重的严重不足会极大地激发自我尊重的需要，自我尊重的高度满足会减弱社会尊重的需要。王先生的社会尊重不足，他的火气正是自我尊重需求的表现。一方面，让王先生讲述其成功经历，能很好地满足他的自我尊重的需求；另一方面，小孔听得特别认真，满足了王先生对"社会尊重"的需要，所以王先生的火气会越来越小。

我们曾经听过这样的表述，"一个人必须解除了饥饿的痛苦才能真正地欣赏蒙娜丽莎的微笑或产生对二次方程的兴趣"。红学的评论家也曾说过，"贾府的焦大是欣赏不了林妹妹的"。为什么会出现上述现象？因为"欣赏蒙娜丽莎的微笑""欣赏林妹妹"都属于审美的需要，"产生对二次方程的兴趣"属于认识与理解的需要。它们都是成长性需要。贾府的焦大之所以欣赏不了林妹妹，就说明生理的需要——饥饿是首要的。当前，世界各国民众都强烈地要求摆脱失业的威胁，要求在生病及年老时生活有保障，要求工作安全并免除疾病的危害，希望解除严格的监督以及不公正的待遇，希望有干净和有秩序的环境，希望免除战争和意外灾害等，这些行为都指向了缺失性需要。

需要论提醒旅游服务人员，在某种程度上人们缺乏旅游动机是因为那些低级需要还未得到充分满足，可能这些因素才是人们自我实现的主要障碍。所以，如果人们对游山玩水失去了兴趣，旅游工作者就必须设法了解其低级需要，如经济支付能力、老年人对身体的健康顾虑等客观条件是否得到满足，而不是单纯以价格折扣诱导人们去旅游。

根据需要层次理论，对于经济条件不阔绰的老年人、对于担心学业成绩的中学生、对于长年住院的慢性病患者，有什么好的想法来促进他们产生旅游动机吗？近几年推出的夕阳红老年人旅游活动就是针对老年人支付能力低、体力差等特点推出的，旅游过程配有专职医生，旅游目的地仅有一两个，饭菜也是专门对老年人设计的软口感的，让老年人能够尽情享受当地景致，还能免去一些旅途的劳累。除了要在旅游项目的设计上尽量满足人们的生理需要、安全需要，还可以让这些旅游成员感到旅游团就是一个温暖的家，多组织一些集体活动，满足他们的归属的需要。当然，旅游活动最重要的缺失性需要是什么？是爱和被尊重的需要。因此，要使旅游者感到心情愉快，首先要使旅游者感到旅游工作者是爱护并尊重他们的，不会因为自己出差错而遭到嘲笑。

22　怎样设计奖励才能鼓舞更多的游客从事一项活动？

案例

有人做了如下实验。被试是80名性别、年龄等各因素均等的随团旅游者，分成 4 组，布置一项任务：爬北岳恒山。第一组 20 人，主试告诉他们 "第 1 名会得到丰厚奖励"；第二组 20 人，主试告诉他们 "前 5 名会得到丰厚奖励"；第三组 20 人，主试告诉他们 "前 10 名会得到丰厚奖励"；第四组 20 人，主试告诉他们 "前 15 名会得到丰厚奖励"。

你认为哪组的平均成绩最高？哪组最低？

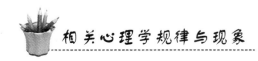

相关心理学规律与现象

成就动机理论

研究成就动机理论的心理学家有默里、麦克里兰、阿特金森。了解这个理论内容之前，我们先思考一个问题：你会不会不考虑失败的后果而一味地追求成功呢？麦克里兰认为，一个人是否去做某事之前，其实心中要权衡两种意向的比重，一是力求成功的意向，二是避免失败的意向。如果一个人力求成功的意向高于避免失败的意向，那么这个人将努力去做这件可能成功的事，如努力准备考研。如果此人力求成功的意向低于避免失败的意向，那么这个人将选择避免失败的事情做，如不去准备考研，而是去打工，因为他们心中想的不是 "如何去争取成功"，而是 "考不上该多丢人"。

如何检验 "一个人是否决定做某事要在上述两种意向间做权衡" 这一假设的科学性？心理学家采用实验法来检验。这个实验叫 "套圈位置选择实验"。20 世纪 50 年代末 60 年代初，麦克里兰做了这样一个实验：被试是 5 岁儿童，他让几个孩子手里拿着绳圈，分别单独走进一间屋子，让他们用绳圈去套房间中间的一个木桩。对孩子们的提示语是：

第一，可以自由选择自己站立的位置；

第二，请预测自己能够套中多少绳圈。

试想一下，这些孩子会自由选择哪些站立的位置？

通过观察法，麦克里兰把这些孩子分为三类：第一类，站得离木桩非常近的人；第二类，站得离木桩非常远；第三类，站得离木桩不远不近。为什么要分成这三类？因为他们的心理状态是不一样。第一类和第二类孩子的想法一样，他们做事的主导思想是——别失败。而第三类孩子心里想的是什么？只有站在这不远不近的地方，套木桩才有意思！追求成功的学生选择了距离木桩适中的位置，这种选择具有一定的挑战性，但同时也保证了一定的成功可能性。然而避免失败的孩子却选择了要么距离木桩非常近、要么距离木桩非常远的地方，因为他们关注的是尽力避免失败和避免与此有关的消极情绪。因此，他们站得要么距离木桩很近，可以轻易成功，要么站得距离木桩很远，几乎没有成功的可能，这是任何人都达不到的，因此也不会带来挫败感和消极情绪。

据此，阿特金森给出了他的心理学结论：

首先，个体的成就动机可以分成两类：一类是力求成功的动机，即人们追求成功和由成功带来的积极情感的倾向性；另一类是避免失败的动机，即人们避免失败和由失败带来的消极情感的倾向性。

其次，成就动机水平不同的人在完成任务和选择目标上有不同的行为表现。求成型的人，成就动机水平高。他们追求成功的倾向大于避免失败的倾向，喜欢选择有50%把握（有一定风险）的工作，他们对完全不可能成功或稳操胜券的任务，动机水平反而下降。而避败型的人，成就动机水平低，他们追求成功的倾向小于避免失败的倾向，通常选择非常容易或非常难的工作，回避有50%把握的工作。

 解析

结合相关的心理学知识，再反观案例，结论不难得出。案例的测试结果显示，第三组的平均成绩最高，而且基本团队里的所有游客都积极主动地爬山。而第一组的成绩最低，而且大多数游客的爬山积极性都不高。这在真实的实验结果中也确实得到了印证。

旅行社在旅游项目安排中往往有过难或过易的倾向。案例中第一组游客的行为表现告诉我们：旅行社不应安排非常难的活动项目，如徒步攀登泰山。因为这会激发人们的避免失败心理，游客将选择避免失败的事情做，于是不去努力做这项任务。那么，这是不是意味着应该为游客安排非常容易的活动项目呢？第四组的游客的行为表现表明：安排非常容易的活动项目也不会激发游客强烈的求成动机，游客会认为不用努力就能成功，于是就不去努力做事。

那么旅行社应给游客安排什么样的活动项目呢？第三组游客的行为表现表明：难度居中、有一定挑战性的任务，最有利于激发游客的求成心理，因为他们认为如果不努力可能会失败，如果努力可能成功，两者势均力敌有利于行为

动机的产生。所以，最佳的成功概率是 1/2 左右，即求成与避免心理各一半。

23 滨海饭店应该是先上虾还是先上螃蟹？

 **案 例**

李女士有滨海旅游的偏好。一是她喜欢蓝色海洋的浪漫；二是她喜欢与孩子在海边游泳、冲浪；三是海边凉快，适合避暑；四是最重要的，就是她喜欢吃海鲜！可是，每次她点完虾和螃蟹，孩子们抢着吃螃蟹，虾却无人问津。明明是好吃的鲜虾，平时在家孩子们总吃不够，为什么到了海边却不爱吃了？

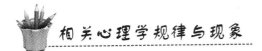 **相关心理学规律与现象**

感 觉 对 比

感觉对比是某一感受器由不同的刺激背景引起感受性程度变化的现象。心理学上把感觉对比分为同时对比和继时对比。同时对比的例子如图 2-4 所示。

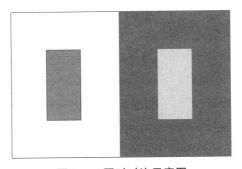

图 2-4　同时对比示意图

同样的小方块在黑色背景上比在灰色背景上显得更白。简言之，同样的物体放在暗背景里看起来亮，放在亮背景里看起来暗。再如，左手泡在热水里，右手泡在凉水里，然后同时放进温水里，结果左手感觉凉，右手感觉热，这是同时对比。

继时对比的例子如图 2-5 所示。

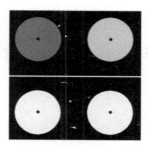

图 2-5　继时对比示意图

凝视上排两个圆数秒钟，然后立刻转看下排两圆，虽然它们为同一颜色（黄色），但一开始看起来好像是不同颜色的两个圆。这就是继时对比。

解析

饭店在上菜时会考虑先后顺序吗？答案是肯定的，这里遵循的就是心理学上的感觉对比现象。案例中，如果螃蟹和虾一起上，吃过螃蟹再吃虾，就感觉不到虾的鲜味了，这就是继时对比。即不同的刺激先后作用于某一感受器而产生的对比现象。不仅视觉的明度、颜色存在对比，味觉、嗅觉和皮肤觉都存在感觉对比。因此，饭店在上菜时一定会考虑先后顺序的，通常是先冷后热、先淡后咸、先甜后酸。所以当你吃了苦瓜再吃西瓜，你会觉得西瓜更甜。遵循这一原理，饭店应该先上虾，再上螃蟹。

同理，旅游者的一日三餐，不仅要注重色泽上的感觉对比，还要考虑口味、荤素上的搭配，千篇一律的口味会让人们感觉乏味。当然，旅游项目的安排也需要考虑感觉对比。为什么很多游客认为旅游就是上车睡觉，下车看庙？因为看不完的观音庙和塔寺让游客产生了审美疲劳。内行人看来，庙、塔、寺、道、观等中国古典建筑名同实异，是不同教派教徒的修行场所。例如，寺是僧人的住所，属于佛教建筑；庵是女性佛教徒出家修行的地方，而道教道徒修行的地方称为观；庙是祭祀祖先、文人、武士的地方；祠，是古时候纪念伟人的地方，相当于纪念馆。但大多数旅游者对它们的情感都是虔诚膜拜型，没有感觉对比，人们自然就会产生枯燥乏味之感。滨海旅游也不能天天安排看海的项目，还要穿插人文的、地区特色的、历史的东西，使旅游活动具有厚重感、立体感和层次感。

24 怎样缩短游客下飞机等待行李的时间？

案 例

英国一家航空公司的乘客从下飞机到走至行李托运室需要 3 分钟时间，而等待托运的行李要 5 分钟时间。对此，很多乘客都抱怨。如果你是这家航空公司的负责人，会怎样解决这一问题？

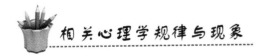

相关心理学规律与现象

时 间 知 觉

人除了在一定空间中活动以外，也总是在一定的时间中活动，时间无始无终。时间知觉是对事物发展的延续性和顺序性的知觉反映，即对事物运动过程的先后和长短的知觉。具体表现为对时间的分辨、对时间的确认、对持续时间的估量、对时间的预测。生活中，我们对时间的知觉可以借助于哪些手段？可以借助于自然界的变化，如太阳的东升西落、月的圆缺、四季变化等，这些在计时工具出现以前使用得尤其普遍。也可以借助于生活中的具体事件或自身的生理变化，如数数、打拍子、节假日、上下班等；还可以借助于时钟、日历等计时工具。

人们对不同时间间隔估计的精确性相同吗？答案是否定的。一般来说，对长时距的时间估计往往不足，而对短时距的估计又往往过长。

那么，在不同的心理状态下，人们对时间的知觉有差别吗？实际上有很大差别。人们常说"良宵苦夜短，寂寞嫌夜长"，研究表明，在悲伤的情绪下，人们在时间估计方面会出现高估现象，"度日如年"就是形象的描述；在欢快的情绪下，在时间估计方面会出现低估现象，所以人们会说"山中方一日，世上已千年"，感慨"时间都去哪儿了"的人说明你活得还不算太艰难。

 **解 析**

在服务工作中，各个部门都要求在最短的时间内为客人解决一切问题，尽量减少客人长久等待的感觉。如何利用时间知觉原则解决案例中提到的问题？后来，航空公司没有缩短乘客等待行李的时间，而是把飞机的出舱口移得远一些，使乘客从下飞机到走至托运室需5分钟的时间。那么此时等待行李的时间为几分钟？只需3分钟。这样一下子就解决了问题。也有航空公司在等待处多放几台广告电视机。在看电视的过程中，无形中忘却了等待。因为在看广告的愉悦情绪状态下，人们会低估时间，时间就不知不觉地过去了。

事实上，所有的旅行社对于工作人员为游客提供服务的等待时长都有严格规定，如"电话铃响三声之内必须接听"。

25　怎样塑造旅游者的良好行为？

 **案 例**

张婷是实验小学三年级的研学导师，明天就要领孩子们去研学旅游基地了，张婷吩咐完注意事项后，三年级的孩子们好像理解不了，很多焦急的学生不举手就叽叽喳喳问个不停，大家谁也听不清谁说了些什么。张婷批评了个别声音大的学生，开始安静了两三分钟，但过后班里又乱哄哄的。班长大喝一声："别——吵——了——"，大家先是被震了一下，几秒钟后又吵起来了。

研学旅行途中，张婷看见好几位学生有乱扔果皮的不良行为，就批评了他们，但好像并不奏效，而且还有不按时归队的现象。张婷真不知该怎么教育这群孩子了，你有什么办法帮助张婷吗？

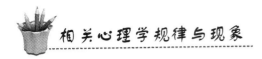

相关心理学规律与现象

斯金纳的强化原理

行为分析学家认为，任何持续发生的行为都由强化所致。他们主张，任何行为，即使是非理性的或古怪的行为，都能借助于发现它们的强化物是什么而得到理解。例如，心理或生理失调症状，为什么会在某个人身上一直维持、一直存在？有时候是由于它们能让人得到注意和同情以及摆脱正常的责任这种强化模式而得以维持的。为此，斯金纳把强化物分为正强化物、负强化物和惩罚手段三种。如果与反应相依随的刺激能增强该反应，称为正强化物，如水、食物、奖赏等；所谓负强化物，是指与反应相依随的刺激物从情境中被排除时，可增强该反应，如强光、噪声、批评等厌恶性刺激皆属此类。汽车安全带蜂鸣器就具有负强化的功能，它那恼人的叫声直到司机将安全带系好才会停止。

那么，处理非期望的行为（要想行为消退）时就可以采取两种手段：一是撤销强化物；二是惩罚。通常人们使用惩罚手段使行为消退，但心理学家的研究成果表明，撤销强化物是使行为消退更科学有效的方法。消退——如果某一行为不再产生预期的结果，那么它就会退回到操作性条件作用之前，它就消失了。你是否曾有过往自动售货机里投了硬币却什么饮料也没有得到的经历？假如你有一次踢了一脚自动售货机，你买的饮料就出来了，那么下次出现这种情况，你还会踢吗？一定会，你这种踢的动作就会被强化。然而，如果后来几次你踢自动售货机时不再有饮料出来，那么你这种踢机器的行为很快就会消失。

解 析

在旅游过程中，旅游者的行为也是可以通过寻找强化物是什么来解释。旅行社承认旅游者的尊贵角色地位并表现出来，就是对其再次报名此旅行社的强化物。任何一家旅行社，不论是在店面装修还是在宣传册封面都会写着醒目的几个字，如"来××旅行社是您的明智选择"。这句话的心理学意义是什么？以"承认、认可"作为强化物，强化了游客再次选择这家旅行社的行为。为什么有些旅行社要把旅游者设为 VIP 会员，下次旅游会打 8 折？这就运用了"特权"这种二级强化物对人们的旅游决策行为进行强化。为什么现代旅游企业都强调员工的微笑服务？因为"微笑"可以充当强化物，强化消费者的某些消费行为。

所以，案例中的研学导师一定要运用消退理论改变这一交流局面，而不要用惩罚手段，如批评个别声音大的学生。怎样使用消退手段？这时张婷可以不理会他们，点那些举了手的学生问问题，并且提醒其他学生"××举了手在等待点名"，"××也安安静静地举了手"等。你很快就会发现，这群孩子的举手行为会明显增加，而不举手乱讲话的行为就会慢慢消退，因为消退就是消除强化从而消除或降低某一个行为发生的概率。

案例中如果研学导师想塑造学生不乱扔果皮的行为，那么面对他们的不雅行为时最好不要明确指明，因为指明了就是言语惩罚，也许不是最好的方式。应该指出并表扬把果皮扔进垃圾箱的一些学生的文雅行为，替代性地强化文雅行为的示范作用，那么这些不雅行为就会慢慢消失。

旅游者遵守时间的行为也是需要导游来塑造的。当旅游者自由浏览完并在规定时间内集合时，如果导游表达了"你们很准时，不耽误或保证了我们下一个项目的正常进行"的思想时，就是对他们遵守时间这一良好行为的强化。如果你面无表情，硬等着其他未归队旅游者，已归队的旅游者可能会认为"我其实也没必要按时归队，还不如刚才在那儿多玩一会儿呢"。对于晚归队的旅游者，一句善意的"迟到了一点点啊"的提醒，作为一种负强化也是有必要的。

善于灵活使用强化与撤销强化真的可以帮助我们塑造、调控一些行为。想想你的某些行为是否在不知不觉中被强化过？例如，你的一个朋友大发脾气，你可以问问自己，"当他尖叫时，我对他是否格外注意，这是否强化了他发脾气的行为？"如果是的话，你可以通过什么办法来消除他乱发脾气的行为呢？去掉强化物（去掉关注）来消除他发脾气行为。又如，婴儿发出的声音中包含着世界上各种语言因素。儿童的语言就是从这些随意的咿呀学语声中形成起来的。那些与父母的语音项类似的声音受到了某种方式的注意或强化，而那些与父母语言无关的发音则被忽视了。受到强化的语言发音反应得到增强，并得到进一步的塑造，而没有得到强化的发音反应则消退了。我们谓之人格的所有行为的塑造也是如此。那么，如果孩子哭着要买糖，躺在地上不走了。此时家长该怎么办？当然不是打骂孩子了，因为这恰恰强化了他的无理行为。最好的方法是撤销强化物，即不理他，径直走开，然后偷偷藏在一个你看得见他但他看不见你的地方。

26 最美的课堂在教室里还是在路上?

案例

下面是武汉市江汉区卫星村小学易汉桃老师带领孩子们研学旅行之后的感悟日记。

一直记得一句古训:"读万卷书,行万里路。"它告诉我们绝不能单纯地沉迷于书本,还必须广泛了解、认识和接触社会,并把书本知识运用于社会实践。而研学旅行正是带领孩子们从书本走入实际,让他们从一个个方块字的世界走向真实的世界,去触摸生活、感受生活,并学会观察生活,进而热爱生活。让孩子们在体验中快乐成长!

虽然由于过度兴奋,很多孩子头一天晚上很晚才睡着,但是第二天还没到辅导员叫早的时间,他们就已经醒了,简单地洗漱后,自己去食堂吃了早餐,之后就开始四处串门子,房间里到处洋溢着孩子们欢乐的笑声。

今天我们要去的是长隆野生动物园,本学期在学了《游米库米天然动物园》这篇课文后,孩子们就一直盼着能亲身去体验一下,感受大自然那种天然的美,感受人与动物之间和谐的美。我们坐着小火车缓慢地穿行在原生态的自然环境中,在我们的左前方和右前方不断出现品种不一的野生动物群,有黑天鹅、蓝孔雀、棕熊、马鹿、猎豹、斑马、牦牛、白虎等多种国家珍稀动物,有些叫得出名,有些叫不出名,令人目不暇接。孩子们不时发出一阵阵的惊叹声,手中的相机、手机也是一刻不停,唯恐漏掉了一种动物。

课文中描绘的美像一幅静态的风景画,静态的文字在这一刻变成了活生生的画面,它带给孩子们的惊喜与震撼不是用简单的言语就可以形容的。现在在城市中生活的孩子们很少有接触自然、了解社会的机会。尽管他们可以从书本上知道许许多多动物、植物的名字,尽管他们能够流利地讲述故事或表演各种节目,但是他们的感性认识是非常浅薄的,他们的体验也是非常匮乏的。弥补这种教育上的不足或者疏漏的一个有效而简单的方法就是,带孩子们研学旅行!我们很多老师意识到了这一点,所以在假期里会带着自己的孩子到处游览、看世界。希望我们的学生和学生家长也能认识到这一点，我觉得今年我们的尝试是非常有意义的，这也得益于学校领导英明果断的决策，才促成了此次长隆之行。相信有了今天这一步，我们的第二步会迈得更大、更远！

相关心理学规律与现象

建构主义学习观

建构主义认为，学习是在一定的情境（社会文化背景）下，借助其他人的帮助，通过人际间的协作活动而获得意义的。也就是说，获得知识的多少取决于学习者根据自身经验去建构知识意义的能力，而非取决于学习者记忆和背诵教师讲授内容的能力，体验活动就是这样一种建构性的实践活动。学习只有通过体验才能发生。通过体验获得的这个经验不是我们通常所说的总结出来的经验，而是指"经历"，是需要个体通过某种活动进行参与的。这种经验建构的过程不是有机体简单地接受外界的刺激或信息，而是要使有机体与其情境之间产生双向的相互作用。体验是让大脑学习的最好途径，体验是人认识客观世界的最有效方式，体验教育模式关注的是如何塑造完整的人。教学如果能让学生置身于一定的教育情境中，让学生知、情、意全身心投入地去体验生命成长，才真正做到了以学生为主体。

研学旅行是一种"任务驱动"教学法，是根据教学要求提出有实际意义的、符合学生认知水平的"任务"，以完成一个个具体的任务为线索，把教学内容巧妙地隐含在每个"任务"之中，学生自己或者在教师的指导下提出解决问题的思路和方法，然后进行具体的操作，教师引导学生边学边做完成相应的"任务"。当学生完成这个任务后也就建构了本节课所学的新知识。

解析

研学旅行是体验式教学，体验式教学是基于建构主义思想的教学。所以，研学旅行的教学目标是多维的、立体的、统合的。

第一，认知目标。如果用"纸上得来终觉浅"来描述传统教学的认知目标，那么体验教学的认知目标就可以用"绝知此事要躬行"来描述了。也就是说，体验教育不仅关注学生如何构建自己的知识体系，而且更注重培养学生主动发现知识和获取知识的能力，引导激发学生乐于体验、善于体验、主动体验的精神，从而深化对事物的理解。

第二，技能目标。没有思考的操作，不是体验的操作，没有意识的主动参与，就不会有建构与创新。传统教学的课堂重知识轻能力，而体验教育模式强调亲身体验和实践能力的培养，强调"做中学"。学生在操作过程中，大脑的活动非常活跃，在不断地批判、反思、理解和建构过程中，学生可以获得对事物的规律性认识，并转化为对事物的创新与改造。

第三，情感目标。个体只有通过体验才能获得意义，升华情感，净化心灵。体验的过程需要将个体已有的认知经验、旧有的经历、自己独特的情感以及丰富的心理与当前新事物整合而成，进而去感受、理解、联想、建构新的客观事物的独特意义、情感、思绪和感悟，所以，体验更容易渗入个体生命和精神存在的深处，既提升了学生的人文积淀、人文情怀和审美情趣，又培养了学生的理性思维以及批判质疑和勇于探究的精神。

27 研学旅行过后，孩子们到底学到了什么？

案例

自 2016 年教育部等部门联合出台《关于推进中小学生研学旅行的意见》以来，研学旅行被纳入中小学教育教学计划中，教育部 2017 年 10 月印发了《中小学综合实践活动课程指导纲要》，将综合实践活动列为义务教育和普通高中课程方案规定中的必修课程。下面是一位高中生的研学日记。

在经历了高二上学期繁重的学习之后，我们于 11 月 22 日来到位于荆门市屈家岭的金色农谷青少年实践教育基地，开展了为期三天的研学旅行——学农。出发前的我们对此次活动充满期待，因为我们将远离钢筋水泥的城市。在泥土的芬芳中、在炊烟袅袅升起时，亲近自然，感受生活的气息，感悟江汉平原农耕文化；一起在田间劳作，一起挽起袖子洗菜生火，一起离开书本迎接新的挑战。

　　3个小时充满欢声笑语的车程后，我们到达了目的地。一下车，清新的空气扑面而来，这对于我们这些长期生活在城市中的人来说，是一次难得的体验。在接下来的3天时光里，我们体验到了在平常生活中无法感受到的乐趣，同时也学会了许多。在"挑战150"中，我们明白了团队合作的重要性；在"呼吸的力量"中，我们学会了如何进行更好的沟通；在"动力圈"的3000次的坚持中，我和全年级同学融成了一个整体；在野炊厨房里，我们品尝到了自己亲手制作的佳肴；实践活动的第三天，我们迎来了一项新的挑战——徒步拉练，同学们徒步前往了华中地区最大的梅花鹿养殖地。习惯了温室环境的同学们，在往返13千米的挑战中有着不凡的表现，磨炼出了坚强的意志……但其中最令我印象深刻的，还属我们的农活体验——挖红薯。先将一条条乱麻似的纵横交错的落藤扒到一边，再顺着藤蔓根部往下挖，动作看似简单，可实际操作起来却十分困难，往往会因为力气太小而花费很多时间，也会因位置控制得不够准确而将红薯挖破。但慢慢地，我掌握了一点技巧，利用锄头上的杠杆原理，更加省力地将土撬动，最终挖出了一个个又大又红的红薯。虽然自己累得腰酸背痛，但也真正体会到了"谁知盘中餐，粒粒皆辛苦"的含义。

　　本次学农实践活动中，我们远离熟悉的学校，远离熟悉的城市，来到乡间迎接一项项全新的挑战。我们体会到了团队的力量，一起在农田里劳作，一起在灶台边烹煮，一起在幽静深远的林间穿行，感受大自然的馈赠，感悟到"一饭一粥，当思来之不易；半丝半缕，恒念物力维艰"。虽然短暂的学农生活已经结束，但它带给我的感触将会长久地存于心中，它丰富了我的阅历，让我更有勇气走向灿烂的远方！

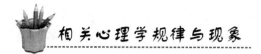

相关心理学规律与现象

加涅的知识分类

　　加涅按学习的结果，把学习分为五类：

　　第一，言语信息的学习，即学生掌握的是以言语信息传递（通过言语交往或印刷物的形式）的内容或者学生的学习结果是以言语信息表达出来的。这一类的学习通常是有组织的。言语信息的学习有三大作用：①言语信息是进一步学习的必要条件，如识字之于文学作品的学习。②有些言语信息在人的一生中都有实际意义，如时钟的识别，天体运行，四季的形成等知识。③有组织有联系的言语信息可以为思维提供工具。

第二，智慧技能的学习。言语信息的学习帮助学生解决"是什么"的问题；而智慧技能的学习要解决"怎么做"的问题，以处理外界的符号和信息，又称过程知识。在各种水平的学习中都包含着不同的智慧技能，比如怎样把分数转换成小数，怎样使动词和句子的主语一致等。加涅认为，每一级智慧技能的学习要以低一级智慧技能的获得为前提，最复杂的智慧技能则是把许多简单的技能组合起来形成的。他把辨别技能作为最基本的智慧技能，按不同的学习水平及其所包含的心理运算的不同复杂程度依次分为辨别—概念—规则—高级规则（解决问题）等智慧技能。

第三，认知策略的学习。认知策略是学习者用以支配其注意力、学习、记忆和思维的内在组织才能，这种才能使学习过程的执行控制成为可能。因此，从学习过程的模式图来看，认知策略就是控制过程，它能激活和改变其他的学习过程。认知策略与智慧技能的不同在于，智慧技能定向于学习者的外部环境，而认知策略则支配着学习者在面对环境时其自身的行为，即"内在的"东西。简单来说，认知策略就是学习者用来"管理"其学习过程的方式。这种使学习者自身能够管理自己思维过程的内在的有组织的策略非常重要，是目前教育心理学研究中的热门课题。

第四，态度的学习。态度是通过学习获得的内部状态，这种状态影响着个人对某种事物、人物及事件所采取的行动。学校的教育目标应该包括态度的培养，态度可以从各种学科的学习中得到，但更多的是从校内外活动和家庭中得到。加涅指出态度可以分为三类：①儿童对家庭和其他社会关系的认识；②对某种活动所伴随的积极的喜爱的情感，如音乐、阅读、体育锻炼等；③有关个人品德的某些方面，如爱国家、关切社会需要和社会目标、尽公民义务的愿望等。

第五，运动技能的学习。运动技能又称为动作技能，如体操技能、写字技能、作图技能、操作仪器技能等，它也是能力的组成部分。

从学习结果对学习进行分类，对于我们帮助学生学习，更好地组织教学具有更现实的意义。

解 析

　　研学即研究性学习，国际上统称探究式学习（Hands-on Inquiry Based Learning，HIBL）。研学旅行是研究性学习和旅行体验相结合的校外教育活动，是学校教育和校外教育衔接的创新形式。研学旅行继承和发展了我国传统游学以及"读万卷书，行万里路"的教育理念和人文精神，成为素质教育的新内容和新方式。研学是学生基于自身兴趣，在教师的帮助和指导下，从自然科学、社会和生活实践中选择和确定主题，在动手做、做中学的过程中，主动获取知识、应用知识、解决问题的集体学习活动。

　　目前家长比较关心的问题是：研学旅行到底是什么？孩子在研学中真的能学到东西吗？可以说，研学旅行提高了学生的"提出问题能力""探究能力""交流能力""实践能力"以及"创新意识和应用意识"等，而这些能力在传统的教学模式中很难得到培养。

　　加涅关于学习结果的分类，前三个属于认知领域，分别为是什么，怎么做，怎么学。态度属于情感领域，动作技能属于动作领域。这五种学习结果是不受学科限制的，比如通过语文和数学学科都能学习智慧技能（规则），通过体育和化学学科能都会学习动作技能（如操作）。而且学习结果往往是综合的，在同一项的学习活动中学习者能同时学到不同的学习结果。比如体育，不仅学习打球动作技能，还能学习打球规则。

　　加涅认为，把学习结果作为教育目标有利于确定达到目标所需要的条件，而从学习条件中老师可以了解应该怎么做。通过对学习结果的分析，为教学设计提供可靠的依据，从而为达到教学目标铺平道路。研学旅行可以很好地实现这一目的。研学旅行的一项重要内容是让学生感受祖国大好河山和博大精深的中华文化，感受日新月异的科技给人们生活带来的变化，从而增强学生的国家认同感和文化自信感。研学旅行中通过一些体验活动，比如到田地里亲身体验收割稻谷，学习红军自力更生纺纱线等，使学生不仅掌握了相关技能，也端正了劳动态度，形成了良好的劳动习惯。一次研学旅行之后，不仅仅是知识的丰富，更是社会经验的增加、视野的开阔，书本"教育+生活"教育更有利于孩子的全面发展以及身心健康。此外，我们强调的是，一个人能够有多大成就，不仅取决于其拥有多少知识储备，还取决于其自身具备怎样的精神品格和自主发展能力。研学旅行旨在培养学生的自我管理能力、引导学生自主发展。因为饮食起居都需要自己完成，脱离了父母的大包大揽，他们不得不自我管理，并开始学习正确认识自我和评估自我。通过解决实际的生活问题，他们变得自信自爱、坚韧乐观，在日常活动、问题解决、适应挑战等方面形成了一定的实践能力、创新意识。此外，通过组长负责制、小组合作完成作品、小组竞赛等方式，可以激发学生学习热情和团队意识。不少学生在研学旅行结束后，投入到相关主题的深度学习之中。

综上所述，研学旅行的学习结果不仅仅包括外显的成果，更重要的是内化的成果，这更多地体现在态度、智慧技能等方面。学生通过实际观察探究等自主学习活动，获得知识，拓展知识边界，丰富知识内涵。能力方面，学生在观察、探究、分析、应用等研究过程中可以形成分析问题、解决问题逻辑思维能力。态度方面，学生在研学过程中，在真实的情境中，通过体验感受所获得的态度倾向和价值观的变化。行为方面，学生文明行为的改善和提升，文明习惯的养成和自觉内化的成果。所以说，研学旅行，学生的获得是多维的、丰富的、深刻的。

28　为游客服务过程中，你会倾听吗？

案　例

美国游客："我认为我们应该把这些非法移民遣送回国。"

中国游客："这对改善社会治安有帮助吗？"

美国游客："你以为你什么都知道？！"

中国导游是否用心倾听了这位美国游客的感受和需要并给予了善意反馈？

相关心理学规律与现象

参与性技术——倾听；斯金纳的强化理论

人际沟通中往往会用到参与性技术和影响性技术。有时对方想听到你对某一论题的看法，你就要适时地摆明自己的观点态度，甚至有意地说服对方，此时我们的言说更多地体现自己的立场，会运用到一些影响性技术，如探询、提供信息、建议、解释等。但有些时候，对方并不想听你的这些主观想法，他有自己的思想，甚至还沉浸在自己固有的状态中，因此你无须摆明你的观点态度，而是需要以对方的表现为主，适时地参与沟通，促进沟通的顺畅进行，此时我们就要运用到一些参与对话的技术，如倾听、同理心、积极关注、重复、沉默、即刻性技术、具体化技术、释义、情感反应等。

　　参与性技术与影响性技术源于咨询心理学，并被心理咨询师广泛运用。借鉴到沟通领域中，参与性技术指个体从对方的角度或参照框架出发，对对方发出的信息做出反应。影响性技术指个体从自己的知觉角度出发，对对方发出的信息做出反应。两者最大的区别在于沟通时的立场不同。那么哪一种技术更积极主动、更能直接地影响对方而不是被动等待呢？在某些特殊的场合，如被请教问题、心理咨询、记者采访等，影响性技术更能体现出你对对方的引导而不是被其引导的沟通风格。在这些情境下，我们就要适时使用影响性技术。相比之下，参与性技术是间接影响对方的一种沟通技术，它是建立信任的必要环节，能为后续影响性技术的开展奠定基础。

　　人非生而知之。作为一项重要的参与性技术，善于倾听是获取信息的重要渠道。社会学家通过研究得出的结论是，在每天的交流中，听是多于说的（见图2-6）。但在听说读写的沟通技能中，倾听却是被教得最少的一项技能。

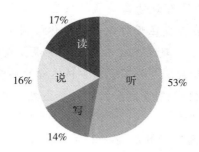

图2-6　各种沟通技能在沟通中的百分比

　　倾听是指通过自己的言语和非言语行为向对方传达一个信息，即"我正在很有兴趣地听着你的叙述，我表示理解和接纳"。其功能表现在：有利于建立良好的沟通关系；鼓励对方开放自己、坦诚轻松地表述，为信任奠定基础。这个技巧要求倾听者认真、有兴趣、设身处地听，并适当地表示理解，不要带偏见和条框，不要做价值评判，且对信息发送者所讲的任何内容不表示出惊讶、厌恶、奇怪、激动或气愤等神态，而是予以无条件的尊重和接纳。

看似"听"是一项极其简单的技术，但要做到专业、专心、专注，并不是一件容易的事。怎样才能做到有效倾听呢？它需要非言语性与言语性的共同参与。具体来说，适当的目光注视、微笑、点头、身体的前倾、对讲话者保持注意和警觉这些非言语性的参与是非常必要的，不仅如此，有效倾听还要求有言语性的参与，如鼓励式回应、适时听解反馈等。

 解析

中国与世界各国人民民心相通与情感交融并不是一句空话，必然要落实在海外工程建设、商贸投资、外交、休闲旅游、移民、跨国婚姻等具体活动中。案例中的中国游客是在询问，有一种急于影响对方的感觉。要知道，人际沟通最重要的是先建立信任，再去试图表明你的立场或发表你的不同看法。如何建立信任？首先需要认可对方。能用心去倾听对方就是对他的认可。如果中国游客用心倾听，那么他也许会这样反馈："你有些担心，因为你很看重社会秩序和安全是吗？我能感受到你的责任感。"待双方建立了良好的沟通关系后，中国游客再顺势引出，"让我们换个角度来探讨一下这个问题"，从而将沟通引向深入。

"鼓励式回应"看似没有说什么实质性内容，但是它的作用在于向言说者传递了这样的信息反馈，"我在听你说，我对你的谈话很感兴趣，请继续说下去！""你说得太有意思了，我还意犹未尽，再说说，我还想听！"，等等。在人际交往中，做这些倾听反应既是为了向对方传达你的倾听态度，鼓励对方叙述，又能建立信任，很好地促进沟通关系的建立。当然，最常用的鼓励式回应是，和点头动作连在一起的"嗯"。

除了鼓励式回应，适时听解反馈技术也很重要。这一言语性的参与技术，要求倾听者不仅用耳朵听，更重要的是用心去听，设身处地地去感受。不但要听懂对方通过言语行为所表达出来的东西，还要听出对方在交谈中所省略的和没有表达出来的内容。如果你能在恰当的时刻，把言说者已经表达出来的东西和想要表达出来的内容都艺术地反馈给他，对方会认为："噢，他刚才确实认真地倾听了我，他那么善于理解我，真是个善解人意的人！"这样，双方良好的信任就建立起来了。例如，当对方说："你以为你什么都知道？！"你听到了什么？

你听到了他的不耐烦了吗？如果听到了，就把他反馈出来，你就做到了听解；如果你还能把听到的不耐烦善意地解析出来，就说明你做到了善解。这是一种良好的倾听品质，是需要站在对方的立场上体悟的。相反，如果听到这句不友好的话，就立即改变站在对方立场上的参考框架，从自己的立场出发进行反馈，将不可避免地掺杂许多你自己的情绪和思想，于是你可能会说出"我觉得你怎么这么高傲？这么不耐烦？""我比你大30岁，知道的总应该比你多！"等诸如此类的话。顿时，双方的沟通就会产生不悦。如果你能站在对方的立场上听解，那么这样反馈起来会更好一些——"听起来，你有些不耐烦，因为你希望每个人的意见都能得到倾听和尊重，是吗？"

29　旅游团餐的第一道菜为什么都那么味道好、分量足？

案例

小李报了一个海南旅游团，每天三餐都是桌餐，能上近十个菜。他发现了这样一个规律：每顿饭的第一道菜，味道会特别好，分量分外足，菜的颜色格外吸引人，能唤起人的食欲，让他们这些食客一开始就产生良好的印象。至于后面上的菜，说实在的，差一些也不在乎了，他们饮料一喝、菜一吃，味觉就不太灵敏了。

但不管吃得有多么舒心，小李总觉得这次旅游不上档次。因为他就是看他们团的那位带队导游周导不顺眼。虽然他讲得不错，但你看他头发上有那么多大块的头皮屑，由于天气炎热，穿的大背心已经让汗水渍得变得颜色不均了。有一天去了猴岛，气温高达34度，他居然光着膀子给团里的游客讲解。知道的是旅游团，不知道的还以为我们这帮人是黑社会呢！

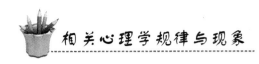

相关心理学规律与现象

首因效应；近因效应

我们常常通过一个人的仪容仪表、形象风格，来感知推断这个人的性格以及内在素质。这种推断会不会有误差？一定会有，心理学上著名的首因效应是指人际交往中给人留下的第一印象至关重要，对印象的形成影响很大。虽然我们的理智告诉我们，这只是在依据对象的一些表面而非本质的特征的基础上所做出的评价，这种评价可能会有偏差，但是第一印象"以貌取人"的经验在情感上仍然是无法磨灭的。因为这些东西直接作用于人的情绪中枢，由情绪情感形成的记忆一旦形成，想通过理性的推理来排除非常艰难！而人的心理定势就好像物理学中的惯性运动，使人们会不自觉地沿着既定的方向感知事物、思考问题和推断问题。心理学家认为，人的大脑先得到的信息总是影响着对于以后信息的解释方式，首因效应一旦形成，以后的信息常常只能扮演补充和解释的角色。也就是说，初次知觉留下的印象，会成为以后印象的基础。在我们真正了解一个人或者一些事物之前，我们第一眼看到这个对象时，便形成了对他的看法。如果他的样子顺眼，我们就会在他身上寻找其他优秀的特征，如果他的样子不讨人喜欢，我们会倾向于探求他不良的特质，以便支持我们的第一次判断。据心理专家分析，在给人的印象中各种刺激所占的百分比如下：视觉印象占75%，谈吐印象占16%，听觉印象占3%，嗅觉印象占3%，触觉印象占3%。

首因效应会对知觉他人产生重要影响。例如，我们可以这样形容一个人，"某某人是嫉妒心强的，他很顽固，挑剔，冲动，但是他比较勤勉，很聪明"，同样是这个人，介绍时对其优缺点颠倒了一下顺序，"这个人聪明，勤勉，但是他冲动，挑剔，顽固，而且嫉妒心强"。实验结果显示，接受了第一种"缺—优点"式信息的人，更倾向于认定此人不太好，也不值得交往。而接受了第二种"优—缺点"式信息的人，更倾向于肯定此人的优秀品质，是可以尝试交往的。这样看来，双面信息输入的顺序不一样，人们所产生的知觉印象也是不一样的。

解析

首因效应和近因效应在旅游活动中的很多场合都广泛存在。在旅游服务中，由于旅游者是不断变换的，在与游客短暂接触中，双方都来不及进行更多的了解。因此，对于旅游工作者来说，给旅游者留下良好的第一印象是非常重要的。在旅游服务工作中，工作者可以有机利用首因效应和近因效应，为旅游者展示好的形象，为以后的交流打下良好的基础，从而提高旅游的质量。景区的门、酒店大厅的装饰与美化、旅游商品的陈列及包装都可能给游客留下良好的第一印象。

案例中提到的上第一盘菜的艺术，就是利用人们这种先入为主的首因效应来发挥作用的。所以，第一次接触很重要，无论是餐桌上的第一盘菜，商店橱窗中的食品，还是服务人员的外表，往往是消费者首先感知的东西，是十分重要的，应该通过提高其质量给饮食消费者留下良好的第一印象。

与案例中提到的饮食消费首因效应相对应的是饮食消费后效心理，这是饮食者在实行消费行为后产生的善后反应和心理反馈，是近因效应的体现。基于每一个消费者都能通过最近一次的购买、食用，对食物和服务做出评价而总结经验教训，进而做出下一次饮食消费行为的决定。所以有些饭店，每年都要进行一次停业修缮，精明的老板往往在修缮前的两三周，供应的饭菜分量特别足，味道特别好，使人留下价廉物美的印象。停业时，这些老主顾到别的饭店吃饭，与原有老饭店一比较相差甚大，更加深了对老饭店的怀念。这就是利用饮食消费的近因效应的经营之道。

案例中的周导游，其职业形象也是有问题的。随着我国物质生活水平的大幅度提升，服饰美已成为人们的一大审美需要。整洁美观的制服与端庄大方的仪容，既是个体自尊自爱的表现，又是事业心的反映，还是尊重对方的需要。可以肯定的是，再睿智聪慧的一个人，视觉冲击力对人们某些印象的形成意义非凡，使对方感到置身于外观整洁、端庄、大方的氛围之中，自己的尊贵身份地位得到应有的承认，求尊重的心理也会得到满足。因此，往小了说，个体的仪表仪容是树立个人形象、企业形象的手段；往大了说，它可以反映一个国家或民族的道德水准、文明程度和精神面貌。仪容美是内在美、自然美、修饰美这三个方面的统一。在人际交往中，人们常常通过一个人的仪容仪表、形象风格来感知推断这个人的性格以及内在素质。当然，一个人徒有其表是不够的，但是如果仪容仪表不修饰或者修饰不规范将给人留下不良的第一印象进而影响他人对自己内在品质的正确评价，甚至是对个体所属国家的评价。就像杨澜曾经说的，"一个人的名字，是一个品牌；一个人的形象，是一张名片。衣着得体、外表端庄是对他人的尊重，也是自我成熟的表现。没有人有义务必须透过连你自己都毫不在意的邋遢外表，去发现你优秀的内在"。

30 面对爬了一半的山，导游该怎样为游客加油鼓劲？

 案 例

十一秋高气爽，爬万里长城的旅游团有十多个。可是，为什么有些旅游团的成员特别积极地爬，非常自豪，而有些旅游团的游客却充满了沮丧感，还有些游客却满不在乎，认为这项旅游活动没什么意思。摄像头还原了这几家旅游团的场景。

场景一：旅游团 A，导游："朋友们，我们已经成功爬了三十级台阶，取得了阶段性的胜利！我能看出来大家的能力都很强啊！你们有着坚强的毅力和不懈的努力！怎么样？还愿不愿意继续爬？"游客："没问题！"

场景二：旅游团 B，导游："朋友们，离成功还有一定距离，看来大家还没有付出全部的努力，是不是呢？"游客1："对，我还留着劲儿上车打牌呢！哈哈……"导游："把咱们留的劲使出来，继续爬，怎么样？"游客："好嘞！行动！出发！"

场景三：旅游团 C，导游："朋友们，我们才爬了三十级台阶，太差劲了，离100级台阶还差老鼻子呢！大家老胳膊老腿了吧！"游客1："唉呀！真累呀！我是没那个本事爬上100级！不爬了，我就坐这儿等你们！"游客2："唉，这真没意思，在我们当地也有爬不完的山，非花钱来这里爬！"

场景四：旅游团 D，导游："我们今天能顺利爬上三十级台阶，看来今天的天气不热，很适合爬山！"游客1："是呢，往年的十一还得穿半袖，今年的十一真凉快！"游客2："还爬不爬了？"游客1："都行！"

看完这个案例，你意识到了吗？基于同一件事，不同的导游在引导游客进行旅游活动时会不自觉地归因，继而会导致游客不同的行为表现。

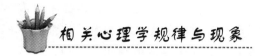

相关心理学规律与现象

归因理论

归因，是指个体对自我或他人行为结果的原因进行分析、解释和推测的认知过程。美国心理学家韦纳认为，当人们做完一项工作之后，往往喜欢寻找自己或他人取得成功或遭受失败的原因。这是一套从个体自身的立场解释自己行为的理论，也称为自我归因论。换言之，个人做完一件重要工作之后，无论其行为后果是成功的，还是失败的，他都不可避免地要对自己的成败理由进行分析。分析时，基本不会超出以下六方面的归因：能力；努力；工作难度；运气；身心状况；外界环境。个体在归因时的这六大因素又可以归属于稳定性、控制点、可控制性这三个维度，具体如表2-1所示。

表2-1　自我归因的三大维度与六大因素

维度关系因素	稳定性		控制点		可控制性	
	稳定	不稳定	内控	外控	可控	不可控
能力高低	√		√			√
努力程度		√	√		√	
任务难度	√			√		√
运气好坏		√		√		√
身心状态		√	√			√
外界环境		√		√		√

以上六项归因，前三项属内因，后三项属外因。在一项行为或工作结束之后，个体进行成败的分析检讨的心理历程，是非常复杂的，可能有很多因素都会发生作用。由此，韦纳提出了控制点的概念，它是指个人在日常生活中对自己与环境关系的看法。有的人相信凡事操之在己，将成功归因于自己努力，将失败归因于个人疏忽。这是自愿承担责任的看法，持此看法者，称为内控。此

种人所持的信念是，个人的命运掌握在自己手里。另外一些人则相信，凡事操之在人，将成功归因于机遇幸运，失败则由于受人阻难。这是不愿承担责任的看法，持此看法者，称为外控。此种人所持的信念是，个人的命运受外因所控制。对内部和外部因素归因，需要合理、平衡。例如，打比赛前，内控者对成败有着过多的责任感，而外控者对外部因素有着过多的无法控制感，这都会使他们在赛前出现高度的焦虑状态。研究表明，女性比男性更倾向于外控。这可能是因为，和男性相比，女性对自己能力的信心不足，会进行更多的外部归因和更少的内部归因，因此，获得成功或遇到失败后体验到的责任感和满足感都较男性相对少一些。

韦纳解释，个人对自己工作成败的看法，除了在基本心态上有内控与外控的分别之外，还有主控和被控之分。上述六方面归因，对工作付出的努力程度可自主控制；而诸如能力、工作难度、运气、身心状况以及工作环境等因素，其变化均非个人所能控制。

此外，韦纳又从稳定性的维度将能力、任务难度等因素归属于稳定的维度，将努力程度、运气、身心状况、外界环境等因素归属于不稳定的维度。

韦纳的归因理论告诉我们，当个体做完一件事情后，他通常会不可避免地问自己三个问题：①这件事的成败是由我自己造成的还是外部原因造成的？②这件事的成败是我可以控制的还是我无法控制的？③造成这件事的成败原因是稳定的还是不稳定的？对于上述三个问题的回答不同，将导致个体不同的情绪体验以及不同的后续行为。

归因理论认为，一个人将他的成败归因于什么样的因素，会影响他对将来成功的期望，并由此影响动机。研究表明，人们解释他们生活中事件的方式会变成他终身的习惯化的归因方式，进而影响到人们行为是主动的和被动的，甚至会影响到他们的心境是乐观的还是悲观的。说得再夸张点，归因模式将决定个体的心情、性格和寿命。

 解析

正如发明家爱迪生，在发明灯泡之前失败无数次，但他从未气馁和放弃。我们可以猜测，爱迪生在成功之前是怎样解释他的失败呢？他是会说："唉，我已经失败了1200次了！我好悲催呀！几年的光阴我毫无所获，上天对我是不公

平的!"还是会说:"我已经有了很大的成就,证明了 1200 种材料不适合做灯丝。"答案当然是后者。

这个案例告诉我们,成功或失败的经历会不会给我们带来快乐或悲伤情绪?会的,这一点不可否认。但个体对经历的归因会不会影响到主观幸福感?会的。失败事件经过合理归因,也会产生幸福感和成就感。乐观者对失败事件会做外部的、可变的和局部的归因,而悲观者会对失败事件做内部的、稳定的和全局的归因。

案例中的四位导游对游客的同样行为进行了不同的归因,导致了他们不同的情绪情感与不同的后续行为表现。我们将四位导游的归因模式整理如下:

积极的归因模式:

(1)旅游团 A 的导游的归因模式:成功→能力强→自豪、自尊/增强对成功的期望→愿意从事有成就的任务。

(2)旅游团 B 的导游的归因模式:失败→缺乏努力→内疚/对成功的相对的高期望→愿意并坚持从事有成就的任务。

消极的归因模式:

(1)旅游团 C 的导游的归因模式:失败→缺乏能力→羞愧、无能感、沮丧/降低对成功的期望→缺乏对有成就任务的坚持性。

(2)旅游团 D 的导游的归因模式:成功→运气好→不在乎/很少增强对成功的期望→缺乏从事有成就任务的期望。

归因不同,会造就人们怎样不同的情绪情感体验?我们来分析一下:如果将成功归因于内部因素,个体将会产生自豪、自尊、自我肯定的情绪情感体验;如果将成功归因于外部因素,个体基本不会产生有关他自己的情绪情感体验。如果把失败归因于内部因素,个体的情绪情感体验将会是自豪感、自尊感、自我满意感减少;如果把失败归因于外部因素,个体则不会产生关于自我的任何情绪情感。

如果将成功归因于可控的因素,个体将会产生自信、胜任的情绪情感体验?如果将成功归因于不可控的因素,个体将会产生感激、天上掉饼、同情对手的情绪情感体验。如果个体将失败归因于可控的因素,个体将会产生羞辱、负罪、沮丧的情绪情感体验;如果将失败归因于不可控的因素,个体将会产生愤怒、诧异、惊讶的情绪情感体验。

如果将成功归因于稳定的因素,个体将会产生满怀希望的情绪情感体验;如果将成功归因于不稳定的因素,个体将会产生迷茫感、不确定感的情绪情感体验。如果个体将失败归因于稳定的因素，个体将会产生没有希望的情绪情感体验；如果将失败归因于不稳定的因素，个体将会产生满怀希望的情绪情感体验。

作为社会人，最常做的一件事就是确定事件的原因。归因理论是描述社会知觉者如何利用信息去生成因果解释的一种总体方式。海德认为，人们之所以不断做出因果分析，部分原因在于他们试图理解社会的存在。优秀的教练员，如女排教练郎平，其作用不仅仅是调兵遣将，更重要的是帮助运动员做合理归因，以激发她们积极的行为动机。例如，他们会抓住中场休息时机或关键时刻叫停，干什么？对运动员进行积极的反馈；通过合理的归因增加他们成功体验；分析并明确各种影响因素的可控性；设置合理目标；强调个人努力，但教练一定会谨慎比较运动员之间的差距。

优秀的导游，其职责亦如此。既然一个人将他的成败归因于什么样的因素，会影响他对将来成功的期望，并由此影响动机。那么，导游解释旅游事件的方式就应该慎重，深思熟虑。因此，旅游服务工作者可以努力培养自己乐观的对成败的解释方式，避免对失败采取消极的、不变的和宿命论的归因方式。因为，我们都喜欢正能量的人，这种人是有着积极的归因模式的人，他们会帮助身边的人做合理的归因。得意忘形时会告诫你，悲观失望时会鼓励你。正确的归因是个体产生主观幸福感的重要原因。

31 那位导游为什么否认饭菜量少？

 案 例

某位导游带团一天，很是辛苦。游客们先去吃饭，他去办理其他事情。待他来到饭厅，游客们已经快吃完饭了。他刚微笑着走近饭桌准备问游客有没有什么需要的，就听某位游客对旁边的一位同行者大声嚷嚷："今天的饭菜少得厉害，也不可口，辛苦玩了一天，都吃不好。"该导游听了，腾地升上一股怒气，对着那位游客说："没有的事！你别乱说！"那位游客很错愕，吃惊地说："我没瞎说呀，我们今天的菜量确实太少了呀，每个盘子只盛了半盘菜。"该导游扭

头转向走向外面，甩下一句话："没有就是没有！"

这位导游为什么否认饭菜量少？

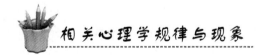

相关心理学规律与现象

弗洛伊德的心理防御机制：否认

弗洛伊德将人格结构划分为三个层次：本我、超我、自我。

本我指心理中完全无意识的部分，它从人出生之日起就已经存在，是一种与生俱来的动物的本能冲动。它不被个体所觉察，由先天的本能、基本的欲望所组成，肉体是它的能量源泉。本我是一切心理能量之源，仿佛一座积蓄了能量、蠢蠢欲动的沸腾火山。本我无论是非，是毫无理性的，完全按"快乐原则"行事，盲目地追求欲望的满足。它从不理会社会道德法律，不管外在行为规范，唯一的要求是获得快乐、避免痛苦，丝毫不顾时间、地点和场合的限制。例如，婴儿一感到饥饿时就会哭叫着要吃奶，它一点都不考虑母亲是否有什么困难。

超我指人格结构中最文明、最道德的部分，它代表良知、理性，是人格结构中居于管制地位的最高部分，它大约是我们 5 岁后接受社会文化道德规范的教育而逐渐形成的。它遵循"理想主义原则"，主要职责是指导自我以道德良心自居，去限制压抑本我的本能冲动。假如你在朋友家里看见桌子上有 100 元钱，本我也许会让你拿走钱，而超我会告诉自我"偷钱是违反道德准则的行为"，命令自我不能拿钱。在人格结构中，超我就像管制着、领导着自我的一个小人儿，它会命令自我不能实现本我的无理需求，让人有高尚的行为。

我们知道，现实世界的生活并不能总是满足本我的需求呢？如果本我的需求不能在现实当中实现，自我就会出面，迁就现实，按照现实世界的规定决定是否实现本我的需要以及怎样实现。自我处于本我和超我之间，是现实化了的本能。一方面以本我为驱动力，即为了满足各种本能和欲望而行动；另一方面又在超我的要求下，采取社会所允许的方式指导行为，保护个体安全。它遵循"现实主义原则"，既要获得满足，又要避免痛苦。

中国有一句名言，"一仆不事二主"，然而可怜的自我却处境更惨，它服侍着三个严厉的主人，而且要使它们的要求和需要相互协调。而这些需要似乎常常互不相容甚至背道而驰。它的三位主人就是外部世界、超我和本我。

自我处于本我与超我的中间，协调两者的矛盾与冲突，既要满足本我的要求，又要接受超我的限制和监督，还要应对外界的各种干扰和诱惑。所以，人总是很累，自我的协调是需要付出心理代价的，它会持续耗费自我的心理能量。如果自我把过多的能量耗费在协调工作上，内耗太多，它就没有能量去做有利于自己成长的事，个体的发展就会出现停滞。那么，面对难以协调的事情，自我会怎么办呢？聪明的自我会启动一些防御机制来实现对自我的保护，调整双方的冲突，从而缓解焦虑，渡过心理难关，防止精神崩溃，这就是心理防御机制。具体来说，有十多种重要的自我防御心理，如压抑、转移、否认、投射、隔离、代偿、合理化、升华等各种形式。

其中，否认是一种比较原始而简单的防御机制，其方法是通过否认自己在创伤情境下的想法、情感及感觉来逃避心理上的痛苦，或将不愉快的事件否定，当作它根本没有发生，来获取暂时的安慰。

 解 析

心理防御机制理论认为，一个人总会有意或无意地拒绝承认那些不愉快的现实以保护自我，这种心理防御机制称为否认。如小孩子闯了祸，他会用手把眼睛蒙起来。又如，有人听到亲人突然死亡的消息，短期内会否认有此事以减免突如其来的精神打击。

案例中的导游应该是一个比较要强的人，在工作上花了不少精力，取得了一定的成绩，所以他会对游客的表彰形成期待。而酒店、旅行社等机构的行为可能会存在利润驱使，这让他产生了期待性焦虑。当他的心理承受处于高压状态时，简单的一句增加他压力的话，就会成为他情绪爆发的导火索。所以，他通过否认这种比较原始且简单的防御方法，来拒绝不愉快的现实。当然，这种防御的结果会造成更不愉快。

虽然这些自我防御手段都是心理活动对于外界变化的反应和自我调整，就像是上涨的河水总要有个出处，不可能一直憋着，心理压力需要通过这种办法释放。但是，这些防御机制中有些是比较原始的，如否认、投射、退行等，是一种非常简单的非黑即白逻辑。那么，相对成熟的防御机制有哪些？有压抑、隔离、合理化、升华，等等。这是成年人用得比较多的防御机制。心理承受能

力差的人基本上承受不了"升华"的极大痛苦，反而是"否认"等容易接受一点。所以，越是成熟的防御机制，对自身的损害越小。我们如果能够熟练和灵活地运用成熟的防御机制，则说明心理发展水平较高，心理健康度较好。

经常运用自我防御机制是不是能够很好地保护自我呢？不是的，它就像是一把"双刃剑"，运用得当，可以减轻痛苦，有助于渡过心理难关，防止精神崩溃，促进自我健康成长，从而完善自己的人格；反之，若长期使用不恰当的自我防御方式，就可能导致心理问题甚至心理疾病。但心理防御机制的运用只是权宜之计，不是治本之策，它只能暂时解除和减缓个体的心理痛苦，并不足以彻底解决心理异常问题。

32 被告上法庭的李导和旅行社究竟做错了什么？

案例

某游客下车时，不小心摔倒在地，不停地喊疼。导游急忙搀扶，游客却似乎疼得起不来。导游觉得应该先把这位游客送医院，可是先前发生过的一件类似个案让她犹豫不决，原来不久前同样是一位游客下车时脚部受伤，导游把他送到了医院治疗，自己垫付了三百多元医疗费，时至今日，那位游客仍未把钱还给自己，自己也不好意思追讨。"算了，还是先等其他游客把这一景点游玩结束吧，不过就是等两个小时，再说，我还得给其他游客讲解"。于是就安排他的一位随行照看。等其他游客游玩完毕后才将这位游客送往医院，诊断结果是脾脏破裂，如果再晚送一会儿，受伤的游客就没命了。后来家属怒火中烧，一纸诉状，把导游和旅行社告上了法庭。

怎样评价导游的心理与行为表现。

相关心理学规律与现象

心理防御机制——合理化

心理防御机制是指自我对本我的压抑，是为了避免精神上的痛苦、紧张、焦虑、尴尬、罪恶感等心理，有意无意使用的各种心理上的调整。心理防御机制本身越原始，离意识的逻辑方法越远。过分或错误地应用心理防御可能带来心理疾病。据此，我们将适当地调节焦虑称为积极的防御机制，而过分或错误地调节称为消极的防御机制。心理防御机制有以下特征：自我防御机制是无意识的；有自我欺骗的性质，因为它伪装了我们真正的动机；一种或多种防御机制同时使用。

合理化是一种重要的心理防御机制，当一个人的动机未能实现或行为不能符合社会规范时，会尽量收集一些合乎自己内心需要的理由，给自己的行为一个合理的解释，将面临的窘境加以文饰，以掩饰自己的过失，隐瞒自己的真实动机，减免焦虑的痛苦和维护自尊免受伤害，此种方法称为合理化。通俗地说就是给自己找理由、找借口。如狐狸吃不到葡萄，就说葡萄是酸的。

合理化有三种表现：

第一，酸葡萄心理，即把得不到的东西说成是不好的，用来丑化失败的动机；

第二，甜柠檬心理，即当得不到葡萄而只能得到柠檬时，就说柠檬是甜的，用来美化被满足的动机；

第三，推诿，此种自卫机制是指将个人的缺点或失败推诿于其他理由，找人担待其过错。

三者均是掩盖自己的错误或失败，以保持内心的平衡。

解析

酸葡萄心理，例如，一个体育能力差的学生，说只有四肢发达的人，才会喜欢体育。甜柠檬心理，例如，孩子资质平庸，父母说"傻人有傻福"。推诿，例如，学生考试失败，不愿承认是自己准备不足，而说考题超出范围；项羽不愿承认战败是因自己策略运用错误，而说是"天亡我也，非战之过"。

具体到案例中的导游，"自己要照顾其他游客""万一又免费垫付医疗费"是他的合理理由，所以他会在是否马上送游客去医院的决定中，最终选择不送。为避免自己承担责任，他会选择一些看似合理的理由，以减轻领导的问责和自己内心的焦虑。事实上，这样做的结果是不但没有解决问题，反而把问题弄得更糟。

合理化是一种消极的自骗性心理防御机制，合理化又有多种心理防御法，案例所涉及的是"推诿"。此种防御机制是指将个人的缺点或失败推诿于其他理由。在面对不重要的事件或重要事件恶果未被追究的情况下，合理化的确能平缓一个人紧张的情绪，使自己心安理得，适当使用可以缓解应激状态下的焦虑。但是，导游工作是一个与人打交道的工作，无法避免各种应激状态，因此，应该以积极的心理和态度面对工作中的问题。建议导游要敢于正视工作中的问题，善于化解矛盾，勇于承担责任，不要把问题复杂化，以致累积过多的负面情绪，影响工作。

33 为什么导游会对游客说"你们害惨了我"？

案例

导游 A 某，平时工作比较努力，小有成绩，对同事也比较亲和，一直得到领导的表扬。最近他所在的旅游公司正在搞绩效考核，他认为自己应该能评上一级。可结果出来后，他发现自己没有被评上，上司还指出了他几点不足的地方。他觉得很委屈，可是当面不敢发作。在接下来一个多月的带团工作中，他始终没有想通，更觉气愤。在火车上，有几位游客打扑克，声音吵闹。他火气一下子升上来，大吼一声："住手！不能打了！你们要想想别人的感受！"接着他一把抓起扑克扔在地上。之后，A 某还不解恨，愤愤地说："你们害惨了我。"看到 A 某的反常表现，列车上的游客一下子都惊呆了。

怎样评价导游的心理与行为表现。

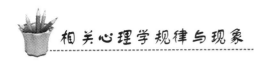

相关心理学规律与现象

移情

移情是将对某个对象的情感、欲望或态度转移到另一个较为安全的对象上，使后者完全成为前者的替代物。这些情感、欲望或态度因某种原因（如不合社会规范、具有危险性或不为自我意识所允许等）无法向其对象直接表现，从而把它转移到一个较安全、较为大家所接受的对象身上，以减轻自己心理上的焦虑。

在心理咨询中，移情是指求助者把对父母或对过去生活中某个重要人物的情感、态度和属性转移到咨询师身上，并相应地对咨询师做出反应的过程，发生移情时，咨询师成了求助者某种情绪体验的替代对象。求助者将过去潜意识中的正向情感、负向情感或幻想转移到咨询师身上。这种关系也是心理防御机制中较常见的一种。

解 析

当人们心里产生不愉快，但又不能向事由对象直接发泄时，便会利用移情这种心理防御，向其他对象以直接或间接的攻击方式发泄，或把自己的不是转嫁到别人身上。移情在很多情况下是个体焦虑的转移，把它转移到一个较安全、较为大家所接受的对象身上，以减轻自己心理上的焦虑。生活中，确实有些人会因为个人的情绪因素把持不住自己而失态，他们无法向别处宣泄、转移情绪，会自主或不自主地寻找替代者，于是身边的家人、顾客、同事有时就成了"出气筒"和"替罪羊"。现代人越来越多地运用心理防御机制来生活。所以，旅游不是现代人的奢侈品，而是必需品。案例是一件典型的"城门失火，殃及池鱼"的事例。导游虽然不是典型的公众人物，但是他承载着社会的理想。所以当他面对游客时，是必须保持自己的阳光形象的。但导游也是一个普通的人，他也会有喜怒哀乐，而当导游负性情绪发生时，是不适宜向游客去宣泄的，不能把个人的不满迁怒到游客身上。导游要勇于承担责任，面对困难时积极主动地采取行动，才能有效保护自己。导游要善于合理疏导自己的焦虑，永远在游客面前保持阳光形象。导游还要善于使用成熟的心理防御机制巧妙处理问题，学会将工作压力升华为新的工作动力。

34　为什么需要个性化服务？

案例 1

导游王丽对于怎么为游客服务之事，有满肚子的苦水，他向同事倾诉如下："为什么有些游客对我有意见？比如，我的话刚说了一半，他们就说：'知道了，知道了！'"

同事没有解释这一问题，反倒给王导提了个问题："那你有没有注意到，还有一些游客，他们会耐心地等你把话说完，但你很可能听不到他们的言语反馈。这些人是不是心里对你不服气但嘴上不说？"

"这……，我不知道。"

"还有一些游客，他们会耐心地等你把话说完，再等待一会儿看看别人还有没有补充，然后说'嗯，好'，难道他们是言不由衷？还有一些游客，会急切地看着表听你说完，然后着急地说'那咱们赶快行动吧！'难道这些人是嫌弃你办事效率不高？"

王导："形形色色的人，我真不知道该怎么跟他们沟通交流了。"

同事笑了笑说："你说了同样的话，可能游客有不同的情感和行为反应。这不是你的原因，而是游客的个性不同，这正需要我们提供个性化服务呀……"

王导若有所思地点点头。

案例 2

王导领着四位朋友，一同兴冲冲地去剧场欣赏大型旅游演艺节目《印象江南》，可都迟到了。为了保证演出不受干扰，规定开演10分钟后停止检票，这就意味着他们只能等2小时后开演的下一场，这四个人分别有以下四种不同的反应。

第一位非常激动，也没耐心向检票员求情，而是向检票员怒吼："我有票为什么不让我进？规矩是人定的，再说是因为塞车我们才迟到的，你认为塞车是我们的过错吗？那是市政交通问题，我们是受害者，你得让我进去……"一边说一边推撞着检票员，越说越激动，越推越用力。

第二位一直在旁边寻找机会，趁第一位推搡检票员的瞬间，偷偷从检票员上举的右臂下钻了进去，边走还边做鬼脸。

第三位一边说"太吵了"，一边走进剧院旁的一家冷饮店，品尝着酸奶，等待下一场演出的开始。

第四位站在旁边一刻不停地抱怨自己，哎，我怎么这么倒霉，昨天不小心打碎一只碗，今天看演出又迟到了，哎，为什么受伤的总是我……他退到一边，提笔开始写下今天的日记。

如果你是王导，怎样跟他们分别展开有效的沟通？

 相关心理学规律与现象

个体的气质类型说；体液说

气质是千人千面的，日常生活中你是否愿意逐个去认识？一般人是不会的，因为这不符合省力原则，会让我们付出太多的心理代价。于是人们总是善于对林林总总的人们进行分类，以减少我们的认知负荷，便于认识。例如，早在公元前5世纪，古希腊著名医生希波克拉底就提出，全世界所有人可以分为四类，也称为"四种体液的气质学说"。他认为人体内有四种体液：血液（由心脏产生）、黏液（由脑产生）、黄胆汁（由肝产生）和黑胆汁（由胃产生）。

希波克拉底曾根据哪一种体液在人体内占优势，把气质分为四种基本类型：多血质、胆汁质、黏液质和抑郁质。多血质的人体液混合比例中血液占优势，胆汁质的人体内黄胆汁比例占优势，黏液质的人体内黏液比例占优势，抑郁质的人体内黑胆汁比例占优势。

他认为，每一种体液都是由寒、热、湿、干四种特性中的两种混合而成。那么血液具有哪两种特性？血液具有热和湿的特性，因此多血质的人像春夏秋冬的哪一季节？像春天一样温而润。黏液具有哪两种特性？具有寒和湿的特性，因此黏液质的人冷酷无情，正如秋天。而黄胆汁具有热和干的特性，因此，胆汁质的人热而躁，就像夏天。黑胆汁具有寒和干的特性，因此抑郁质的人冷而躁，像冬天。当这四种体液配合恰当时，身体健康；配合异常时，人便生病。

用体液解释气质类型虽然缺乏科学根据，但人们在日常生活中确实能观察到这四种气质类型的典型代表。因此，这四种气质类型的名称曾被许多学者所采纳，并一直沿用到现在。关于各种气质类型的人的行为及心理特点我们分析如下：

多血质人具有灵活性高的特点，他们易于适应环境变化，善于交际，有种"自来熟"的本事，在工作、学习中精力充沛且效率高，对什么都感兴趣，但情感兴趣方面有些见异思迁，甚至有些投机取巧，易骄傲，厌倦一成不变的模式。韦小宝、孙悟空、王熙凤都属于多血质人，所以曹雪芹对王熙凤的评价是"机关算尽太聪明，反误了卿卿性命"。

黏液质人的气质特点是反应比较缓慢，他们坚持而稳健地辛勤工作，动作缓慢而沉着，能克制冲动，严格恪守既定的工作制度和生活秩序；情绪不易激动，也不易流露感情；自制力强，不爱显露自己的才能；固定性有余而灵活性不足。他们做事四平八稳，火烧眉毛都不着急。例如，《水浒传》中的豹子头林冲，逆来顺受，一而再、再而三地忍受迫害，最后万不得已才被逼上梁山，走上起义的道路。

胆汁质人就像"一把火"，有股火爆的脾气。其行事风格具有以下特点：情绪易激动，反应迅速，行动敏捷，暴躁而有力；性急、不能自制；在克服困难上有坚忍不拔的劲头，但不善于考虑能否做到，工作有明显的周期性，能以极大的热情投身于事业，但当精力消耗殆尽时，便失去信心，热情顿时转为沮丧而一事无成。《红楼梦》里的史湘云就是一位洒脱、俊爽的胆汁质典型。她乐观开朗，但自控力差、好冲动，平时喜欢女扮男装，爱说爱笑，好打抱不平。此外，像张飞、李逵、晴雯等都属于胆汁质人。

抑郁质人具有高度的情绪易感性。他们主观上把很弱的刺激当作强作用来感受，常为微不足道的原因而动感情，敏感细致；行动表现迟缓，有些孤僻；遇到困难时优柔寡断，面临危险时极度恐惧。这种气质给人一种"无可奈何花落去"般的无奈和忧愁。林黛玉就是一个较为敏感、脆弱的人物形象。如周瑞家的送宫花，最后送到她那里，她便疑心是别人挑剩下的才给她；一天她卧病在床，听到院子里的老婆子在骂人，实际是在骂她的外孙女儿，林黛玉却认为是在骂自己，竟气得昏厥过去。难怪曹雪芹这样评价黛玉"想眼中能有多少泪珠儿，怎禁得春流到冬尽，秋流到夏。"

关于上述四种气质类型的主要心理特征，整理概括如表 2-2 所示。

表 2-2　气质类型及其主要心理特征

气质类型	主要心理特征	
	积极方面	消极方面
胆汁质	热情、果敢、精力充沛等	急躁、易怒、难以自制等
多血质	活泼、机敏、感情丰富等	情感多变、轻率、浮躁等
黏液质	沉着、冷静、坚毅实干等	执拗、冷淡、运作迟缓等
抑郁质	情绪易感性、深刻、细心谨慎等	多疑孤僻、柔弱易倦、缺乏自信心等

 解析

案例 1 中王导提到的游客气质类型分别是胆汁质、抑郁质、黏液质、多血质。案例 2 中王导提到的游客气质类型分别是胆汁质、多血质、黏液质、抑郁质。这告诉我们，在一个旅游团队中，会有不同气质的游客，他们的旅游消费特点也不尽相同。旅游服务者不能把旅游者当作货物一样来"运送"和"分发"，也不能让其像没有生命的机器一样听从安排。旅游工作者需要"提供个性化、差异化的服务"并采用不同的服务策略，这就要求导游有敏锐的觉察力和辨别力。

面对不同气质的人，服务人员的沟通特点也应差异化，采用不同的沟通策略。案例 1 和案例 2 中的第一位朋友应该是胆汁质人，这种人感情外露，碰到问题容易发火，一旦被激怒，就不易平静下来。沟通中，我们注意不要激怒他们，不要计较他们有时不顾后果的冲动言语。万一出现矛盾应当避其锋芒。也许你的话刚说了一半，他们就说："知道了，知道了!"你要知道，也许他并没有厌烦你，他就是这么一个急性子。因此，与胆汁质人谈话，内容要简明扼要，通俗易懂。相应的服务技巧如下：

（1）出现矛盾的应退让避锋，对他们的冲动言语不较真，更不能用激烈的言行刺激对方。

（2）为他们服务要准确迅速，并适时提醒他们不要遗留物品。

（3）说话内容通俗易懂、简明扼要。

案例1中的第二位朋友和案例2中的第四位朋友应该是抑郁质人了，这种人情绪不外露，对人对事十分敏感，但又深藏于内，话比较少。例如，他们会耐心地等你把话说完，但你很可能听不到他们的言语反馈。因此与抑郁质人交谈时要和颜悦色，内容要全面，提问要使用封闭式问题，如"您看这样好吗？"，少用开放式问题，如"您看怎样？"。相应的服务技巧如下：

（1）少和他们开玩笑，以免引起误会；多关注关心他们，以免使其产生被冷落感。

（2）旅游行程遇到变故要耐心向他们解释清楚。

（3）如果条件允许，给他们安排单间或安静的房间。

案例1和案例2中的第三位朋友应该是黏液质人了，这种人说话不多、一团和气，不太会有激烈的情绪表现，但一旦表明态度就会坚持到底。他们不容易被说服，喜欢问"为什么"，给人的感觉是"不太灵活"。例如，他们会耐心地等导游把话说完，再等待一会儿看看别人还有没有补充，然后说"嗯，好。"给他们传递的信息一定要全面。相应的服务技巧如下：

（1）不要过多主动地和他们聊天，但与他们沟通必须清晰明了、突出重点，并给他们充分的时间考虑问题，不要过多地催促。

（2）为他们安排相对安静的环境。

案例1中的第四位朋友和案例2中的第二位朋友应该是多血质人了，这种人认知比较灵活，容易被说服，但情绪要比胆汁质人稳定得多。对于你说的话，他们会急切地等你把话说完，然后马上说"好，好，那咱们马上行动吧！"对这类人，应当多与他们交谈，不能不理睬他们，以满足他们爱交际、爱讲话的特点。与他们交谈要简洁而全面，信息传递不必多次重复，否则他们会不耐烦。相应的服务技巧如下：

（1）沟通交往时要主动热情，如介绍活动和设施时要详细说明情况，但不可啰唆重复。

（2）食谱应经常变化。

（3）旅游活动项目要多元丰富。

需要注意的是，虽然我们主要通过观察行为和情绪来判断人们的气质，但在社会关系稳定、社会角色明确的条件下，人们为了适应社会，有可能改变自己的行为方式，掩盖自己真正的气质，而表现出某种"伪装"的气质。因此，我们应仔细剖析人们的深层气质类型，让自己的言谈与对方的主导气质基本吻合，做到因人制宜，才能事半功倍。尤其是作为服务领域的人员，如导游、营销员、业务员，能够了解自己及他人的气质类型，对于提高沟通效果和工作效率、处理好人际关系大有裨益。

35 旅游工作人员应如何调整突发情况下游客亢奋烦躁的情绪？

 **案 例**

马航事件发生后，首都机场一片混乱。如何尽快平息？有人建议：赶快赔钱，劝劝家属，要不上防暴警察！而当时临时工作小组的做法是，把家属第一时间带离机场，安顿到就近的丽都酒店休息，每人一间房。为什么要这样处理突发情况？

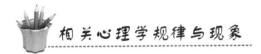 **相关心理学规律与现象**

情绪的扩散性；群体影响

情绪具有扩散性特征。首先表现为内扩性。情绪在主体自身的扩散叫内扩性。它表现在主体对某一对象产生的某种情绪体验，影响主体对其他对象也产生同样的情绪体验。例如，一个人对某一件事情产生了愉快的情绪，这种情绪影响这个人在看到其他事情时也感到顺心如意；一个人在某件事情引起的不愉快情绪的影响下，对其他事情都觉得不那么顺眼。前一种是积极情绪的内扩散，后一种是消极情绪的内扩散。如果情绪的内扩散形成了比较持久的状态，就是心境。

为什么学生喜欢亲和力强的老师？民众喜欢亲民型领导？观众喜欢会煽情的主持人？这就要提到情绪的外扩性特征了。如果一个人的情绪影响了别人，使别人也产生相同的情绪，这种情况叫作情绪的外扩散，通常也称为情绪的感染性。

此外，此案例也涉及社会心理学中的"从众"概念。从众心理是指个人受到外界人群行为的影响，从而使个体的判断、思维、认识上表现出符合于或趋向于公众标准的行为方式，从众心理是大部分个体普遍具有的心理现象。

从众心理产生的原因有三：首先，"众"是一种归宿。在群体中，当个体的行为、态度与意见符合大众的规范时，就会产生一种"没有错"的安全感，个体就会自然而然地融入群体生活当中。当个体与众人保持一致之后，即使选择错了，也会有"大家都一样"的侥幸心理。其次，"众"是一种压力。在一个群体内，"众"的一致性一旦形成，其权威是不容被个人挑衅的。谁做出与众不同的行为而"鹤立鸡群"，极有可能招致"叛徒"的嫌疑，会遭到大众成员的孤立与抛弃等惩罚。为了免遭抛弃或惩罚，人们会采取"随大流"的行为。最后，"众"是一种标准。个体由于知识或信息的缺乏，对一些事件或现象的判断往往来源于他人，所以人们认为"人多势众"本身就具强大的说服力，即"少数服从多数"。

 **解析**

旅游者是富有感情的人，而旅游活动是一种高频率的人际交往活动。在旅游交往活动中，人与人之间不仅时刻进行着言语信息的交流，伴随更多的是情感情绪的交流与影响，这种情绪情感的影响不仅体现在游客与游客之间，也广泛体现在导游与游客之间，因此旅游行业被称为"情绪行业"。导游讲解时的积极情绪会影响游客，导游的热情服务、微笑服务，作为一种情绪信号也会传递给游客，使其产生良好情绪。也就是"你会快乐着他的快乐，幸福着他的幸福，悲伤着他的悲伤"。要知道，没有高高兴兴的导游，就没有高高兴兴的游客。

然而，一旦旅游服务的缺陷导致某些游客的不满，不良情绪就会像雪崩一样迅速蔓延。当发展到一定程度时，旅行团必然是一片混乱。因此，对于旅游团的整体情绪氛围的调控就显得尤为重要。那么，如何平息案例中的这种骚动？先要防止扩散，这就必须在空间上把游客隔离开来。马航事件发生后，临时工作组第一时间先把家属带离机场，安顿到就近的丽都酒店休息，每人一间房，就切断游客之间情绪感染的循环作用圈，这在一定程度上防止了消极情绪的扩散，间接地制止了家属的机场闹事行为。当大脑主管情绪的边缘系统处于非活跃状态时，主管理智的大脑皮层才能正常工作，因此，面对突发事件的首要工作是处理情绪情感而不是讲道理、劝导赔偿。没有这方面的心理知识，处理问题的思路就错了。当激动的情绪逐渐平静下来，人们变得较为理智时，劝导工作也就比较容易做了。

在有些突发事件发生之后，如飞机晚点、汽车抛锚、突遇暴雨，行程可能会有所改变甚至放弃某些旅游项目，游客刚开始的情绪可能还比较稳定，但他们失望和愤怒的情绪会悄悄地在旅游团内扩散，游客之间的闲聊和相互报怨、窃窃私语以及对旅行社的议论随时有可能发生，这时旅游团内一些客人的情绪会受到旅游团内非正式领导人物情绪的感染，导游一定要意识到客人消极情绪的感染性，并采取积极有效的措施来化解客人的不满，如及早深入客人中间了解民意并开导，及时切断不良情绪的感染路径，否则客人的不良情绪不仅会针对事件本身，甚至会对正常的社会秩序造成破坏。

36 你喜欢喋喋不休一直讲解的导游吗？

案例

在旅游活动中，当旅游者从外面走到了黑暗的岩洞内，导游马上为游客讲起了岩洞的相关知识，可是场面却一片混乱。导游大声喊道："大家安静，安静！"可就是安静不下来，游客也不知导游讲了些什么。

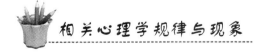

相关心理学规律与现象

感觉适应

感觉适应是指在外界刺激持续作用下感受性发生变化的现象。在外界刺激持续作用下，感受性会发生哪些变化呢？例如，上课时，外界持续作用的建筑噪声会使学生的听觉感受性降低，老师讲了些什么好像没听见几句，似乎只有大的声响才能引起学生的注意。当然，学生本身不想听课的另当别论。哆拉A梦中大熊的妈妈持续地责骂淘气的大熊，对大熊来说已听不到什么，似乎只记得妈妈狰狞的面孔，因为持续作用的大声责骂使大熊的感受性降低、感觉阈限增高，他对妈妈的声音已经不那么敏感了，这就叫听觉疲劳，即声音较长时间连续作用，引起听觉感受性显著降低的现象。又如，夜深人静时钟表的嘀嗒声会让我们觉得很响、很吵，进而你的感受性会增高，你会觉得这个声音特别地吵。

据此，心理学家给出了感觉适应的一般规律：持续作用的强刺激会使感受性降低；而持续作用的弱刺激会使感受性增高。视觉方面，暗适应慢，而光适应快。

 解析

如果导游一直使用一个语调大声讲解，没有停顿、没有表情、没有互动，游客的听觉感受性就会降低，导游讲了些什么好像没听见几句。当你与人沟通时只想着让自己一吐为快而滔滔不绝，就会造成别人的感觉适应或者说听觉疲劳（听觉适应）。

视觉也存在感觉适应现象。在案例中，当旅游者从外面走到了黑暗的岩洞内，导游能不能马上为他们讲解呢？当然不能，导游要给他们一段时间让视觉完成暗适应，这是一个很缓慢的过程，就像你从外面走进漆黑的电影院一样，至少需要3~5分钟甚至更长时间才能看清周围的环境。导游应该先提醒游客不要着急，并讲解暗适应原理，待游客完成暗适应后再进行景观讲解。

这就是为什么要给刚从地震的废墟中被救援出的伤者的脸上盖一块厚布。因为光适应非常快，在短时间内视觉系统的锥体细胞和杆体细胞会倾尽全力想要快速完成光适应，结果透支了眼睛上感受细胞的能量，它们的功能也许就会永久性丧失，强光导致失明就是这个道理。同理，为什么夜间开车要避免开大灯？因为虽然你能看得清，但对面的汽车司机就会出现光适应现象，而这种强光刺激会使眼睛的感受性降低，于是眼睛不敏感了，瞬间失明3秒，危险可想而知。

37　导游词为什么需要唤起游客的已有认知经验？

 **案 例**

下面是一段有关北京铜塑鼓书艺人的导游词——

"游客朋友们，我们现在走在北京王府井大街上，这是矗立在北京王府井大街的一组铜塑中的一个叫《鼓书艺人》（见图2-7），可能您会认为这仅仅就是一具雕塑，供人照相用的，甚至觉得它与周围的商业繁华、城市文化有些不和谐。所以我要告诉大家的是，这其实是老舍作品中的形象——鼓书艺人。老舍作品中有很多艺人的角色。大鼓，是中国的一个曲艺形式，虽然曲艺在中国只发展了短短两三百年的时间，但在清末民初的北京却红极一时。大鼓的表现形式、道曲、宾白、风韵，就是当时北京的代名词。老舍的作品，代表了京派一族。

现在每天参观这里的人数很多，它与周围的商业繁华、城市文化之间存在不和谐吗？没有。相反，它增强了历史的厚重感。今天我们走在这条街上，也就是走在了历史的长廊中，它是北京文化的缩影，是中华文化的缩影。在这条街上，它起到了诠释中华文化的作用……"

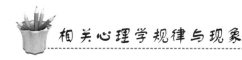 **相关心理学规律与现象**

言语指导与知觉的理解性

知觉的理解性特征告诉我们，在知觉过程中，人们要借助已有的经验去解释所获得的当前事物的感觉信息，从而对当前事物做出识别。而语言是思维的物质外壳。人们对事物的理解要通过思维来实现，因此语言的指导能使人们对知觉对象的理解更迅速、更完整。

图 2-7　铜塑鼓书艺人

图 2-8　知觉的理解性

图 2-8 上点状图形，最初不容易确认是什么图形，但当被告知这是一条狗的图形时，在言语的指导下很快就能看出来。这就是当刺激信息判断的标志不甚明显时，适当的言语指导可以帮助个体唤起过去的知识经验，促进个体对知觉对象的理解。至此，我们可以总结出以下这些因素会影响人们对知觉对象的理解。

第一，知觉者的主观情况。这包括：知觉者的已有认知经验；知觉者的需要和动机；知觉者的个性；知觉者的情绪和情感；知觉者的兴趣；旅游者的宗教信仰；旅游者的年龄和职业。

第二，知觉时的客观情况。这包括：言语的指导作用；实践活动的任务。

解 析

在旅游活动中，导游一定要了解游客的性别、年龄、受教育程度以及已有的相关认知经验，并适当地措辞，充分地帮助游客理解旅游对象。案例中导游的这段导游词巧妙地唤起了游客对"文化"这个概念的已有认知经验，触发了人们对这尊雕塑的理解。

语言可以促进对知觉对象的理解。例如，许多游客发现中国许多景区中的亭子的顶部是圆形的，下面是方形的；而北京天坛主体建筑是圆形的，围墙却是方形的。对于这种现象，有些人认为是为了几何图形的变换，有些人认为是为了美观好看，而导游在讲解时一句"天圆地方学说在中国建筑中的体现和运用"就能起到画龙点睛的作用，使游客了解了建筑特征产生的内在原因，并对中国传统文化和思维方式有了初步的认识。所以说，旅游知觉的理解性不仅受到经验的影响，而且受到语言指导的影响。

38 反导游词与导游词有什么不同？

案 例

越来越多的游客希望导游以自己的高级伙伴、合作者或是对话者的身份出现。下面哪一则导游词做到了这一点？

导游词1：

游客朋友们，蒙古族是一个能歌善舞的民族，蒙古族有许多脍炙人口的舞蹈，如"筷子舞""马刀舞""驯马舞""盅碗舞""挤奶员舞""鹰舞"等，而安代舞是群众性的民间舞蹈，它是流传于……

导游词2：

游客朋友们，蒙古族是一个能歌善舞的民族……大家熟悉的蒙古族舞蹈节目有哪些？对了，有"筷子舞""马刀舞""驯马舞""盅碗舞""挤奶员舞""鹰舞"等。不过大家说的这些呀，都只适合演员在舞台上表演，你们熟悉哪些适合群众参与和娱乐的蒙古族舞蹈呢？是的，安代舞是群众性的民间舞蹈，它是流传于……

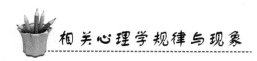

相关心理学规律与现象

建构主义的学生观

　　建构主义强调，学生并不是空着脑袋走进教室的。在日常生活中，在以往的学习中，他们已经形成了丰富的经验和看法。这种在没有现成知识经验前提下的解释，并不都是胡猜乱想，而是从他们的经验背景出发推出合乎逻辑的假设。所以，教学不能无视学生的这些经验另起炉灶，从外部真正地装进新知识，而是要把学习者现有的知识作为学习新知识的生长点，引导学习者从已有知识中"生长"出新的知识经验。教学不是知识传递，而是知识的处理和转换。教师应该重视学生自己对各种现象的理解，倾听他们的看法，洞察他们这些想法的由来，以此为根据，引导学生丰富或调整自己的理解。需要与学生共同就某些问题进行探索，并在此过程中相互交流和质疑，了解彼此的想法，彼此做出某些调整。由于经验背景的差异，学生对问题的理解常常存在差异，在学生的共同体之中，这些差异本身便构成了一种宝贵的学习资源。

解析

　　建构主义告诉我们，外部信息本身是没有什么意义的，意义是学习者通过新旧知识经验间反复的、双向的相互作用过程而建构的。而建构主义视阈下的听众又是怎样一种角色呢？游客作为听众是不是空着脑袋进入情境中的？不是的，在日常生活中，他们已经形成了有关旅游目的地的知识经验和自己的看法。即使有些问题他们从来没有接触过，没有现成的经验，但是当问题呈现在他们面前时，他们还是会基于以往的经验，依靠他们的认知能力，形成对问题的解释和假设。

　　当前，个性化旅游、自助旅游如火如荼。人们更希望旅游行为能够像真实生活一样。因此，导游就不仅要担任游客信息建构的支持者，还要成为游客的高级伙伴、合作者以及对话者。为此，导游的讲解活动就不能像是在白纸上画画，忽视游客千差万别，像一台录音机一样没有情感、没有互动地播音。既然游客的听解总要涉及其原有认知经验，那么导游的讲解就不能把听众的头脑当作一个要被填满的容器，而是要当作一个需被点燃的火把。导游的解说服务工作也不能定位于信息的"传声筒"，在心理学意义上，他要作为游客信息建构的支持者来出现。

案例中为什么第二则导游词的亲和力强呢？因为导游创设了一些值得思考和探讨的真实问题，更注重与游客的互动沟通，导游把提问的机会适时留给了游客，他的解说是针对游客的问题展开的，这样的讲解就不是生硬强加，而是为了实现听者意义建构的最大化。

这也就是导游词讲解与反导游词讲解的区别之所在。导游词讲解是完全按照稿件中对情境的设想而实施的解说，反导游词讲解是由现实中的游客和情境决定的随机解说行为。此时导游与游客的关系已经不是主导和被主导的关系，而是主体间的关系，即导游是平等者中的首席。这样的信息传递效果才是最佳的，解说的效果才能实现真正的最优化。

当然，出于对陌生环境的谨慎，游客往往不提问，却难免在心中暗生疑问，因此，导游在设计导游词时要预设并拟构游客可能会想到的问题，并在实际解说中自然地呈现，这样看来，创作解说词还是一种预拟行为吗？不是的，创作与讲解如影随形，导游讲解行为是情境性与预拟性的统一。再优美的抒情讲解，如果没有互动，仍会感觉到距离的存在。再完美的预拟，如果没有真实情境的重构，也只能沦为背诵。如果导游的知识储备不够，面对游客提出的超出准备的问题，往往会束手无策。因此，导游的最高境界是学者、资源库、心理学家、沟通专家，这是导游终生努力的方向和一生的精神牵挂。所以说，当一名导游不难，当一名好导游很难。真正的好导游，应该有战略家的视野、艺术家的眼光、护士的关怀、外交家的沟通艺术，还应该具有不亚于摄影师的拍照水平、运动员的基本素质，最重要的是，导游人员中的高手必须是一个心理学家！

39　美是完整的还是不完整的？

案　例

在坐火车途经阴山山脉时，张导游兴奋地给游客指点："看，看，大家快看，那座山像不像一座卧佛？""哪里？哪里？"游客问。"看，就在那儿"，张导兴奋地给游客指点着说，"这是他的鼻子，那是他的肚皮，这是……""噢，我看出来了！就是卧佛！"然后游客就各自忙各自的。当返程再次经过这道景观时，张导又一次指点着让游客看，可游客大多都不屑，声称看过了。

为什么那么宏伟神圣的景观，后来游客的反应就不那么兴奋了呢？这是萦绕在张导心中的疑惑。一番思考后，在下一次带团途经这座山时，张导换了种问法："看，看，大家快看，那座山像什么？"游客们经过一番想象考量后，有些人猜得出，有些人猜不出，不管怎样，大家脸上都洋溢着快乐的兴奋的笑容，火车都过去了，人们还转过身去远远地眺望这座山议论猜测着。返程再次经过这里时，张导一提醒，大家又聚拢在窗前兴奋地议论着。

同样的景观，不同的问法，为什么游客会有不同的情绪情感和行为表现？

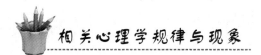

相关心理学规律与现象

知觉的整体性；闭合律

前面提到，虽然知觉的对象是由不同的部分、不同的属性组成的。但当它们对人发生作用的时候，人脑并不是孤立地反映这些属性，而是把它们结合成有机的整体来反映的，这就是知觉的整体性特征。认知学家苛勒也曾经提出过"认知—完形"理论，即大脑皮层不仅是对客观对象的各个部分进行分别认知，还要把这个客观对象视为一个复合体，认知它的各个组成部分及其相互关系。

知觉的整体性遵循闭合原则。闭合是指一种完成某种图形的趋向，如图

2-9 所示。

图 2-9　知觉的整体性

当你看到图 2-9 中两幅图的时候，你很可能说看到了什么？一个三角形和一个正方形。其实它们并不是规则的三角形和正方形，而是几条线段的聚合而已。闭合律就是指客观事物不完整或没有闭合时，感知者会倾向于根据以往的经验填补缺失元素、填补空白。又如图 2-10 所示，你看到了什么？

图 2-10　知觉的整体性图片

乍看之下，图 2-10 中只有些不规则的黑色碎片以及连接部分黑色碎片的白色线条。但如果仔细观察，就会觉得那是一个白色立方体和一些黑色圆盘；也可以看成是白色立方体的每一拐角上有一个黑色圆盘。当你运用你的大脑机能，努力看出了答案时，你是兴奋的，对这个结论也是难忘的，它更容易植入你的长时记忆中。

 **解析**

旅游过程是游客欣赏美、品味美、领悟美的过程，客观的美是要与游客的主观感受产生联系的。案例中导游的第一次提示是好意，但游客很快看出来之后却会感觉索然寡味，心中毫无波澜。但导游第二次让游客猜"那座山像什么"，人们经过一番想象考量后，无论是猜得出还是猜不出，都会觉得趣味盎然。为什么？要知道，思维是大脑的机能，思考想象的过程正是调动已有认知

经验的过程。如果导游的解说无视这一点，就等于无视游客的知觉闭合能力，剥夺了游客知觉的主动性和想象的空间。所以西方美学史上有这样一句话，"与其说美是完整的，不如说美是不完整的"。这也许正是断臂维纳斯的魅力所在。那么，为什么不完整的反而会感觉更美呢？尼采是这样解释的："把一个对象感受为美的，是因为这个对象激活了主体无意识中对以往种种美好体验的回忆，所有这些体验此时都集结在这个对象的周围了。"所以美一定不是纯客观的。利用闭合原理，导游讲解时不必喋喋不休、有时故意留下某些空白，让游客自己去思考、去想象、去补缺，再抓住适当的时机"不愤不启、不悱不发"，从而形成一个更有意义的旅游知觉，此时游客建构起来的知觉印象才是最深刻的。

40　面对旅游投诉，接待人员该如何安慰投诉者？

案 例

情境一：

旅客给旅行社打电话投诉："你们旅行社的李导游从不听我们游客的意见，一切都是他说了算，明明我们不想去的景点，偏把我们拉去，真不是好导游……"

接待者："好的好的，明白您的意思，我马上记录在案及时反馈给领导。"

投诉者："什么记录反馈！我要你现在解决，马上赔偿！"

接待者："你怎么能这样说话！"

投诉者："我怎么说话了……"

于是，一通言语冲突，愈演愈烈。

情境二：

一位在旅途中遭遇意外致残的男子，其妻子在旅游公司向工作人员陈述事情的经过。

投诉者："我不明白这个意外为什么会发生在我身上。我生活得不错，可现在却变成这样。"

接待者："天有不测风云，人有旦夕祸福，你不要太悲伤了……我们也不想让这样的事情发生，我听到这件事，也很为你难过。"

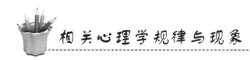

相关心理学规律与现象

同理心

此词有多种中文译法，如共情、投情、神入、同感心、通情达理、设身处地，等等。人本主义心理学家认为，同理心是指体验别人内心世界的能力，如对方的情绪情感、思维、感受，其经历和人格之间的联系等，再把自己的理解传达给对方，以影响对方并取得反馈。在咨询师与在求助者建立良好的咨询关系阶段，如果咨询师有较强的共情能力，求助者会感觉到，咨询师能深入自己的精神境界，能感受到自己的内心世界，能将心比心，此时，良好的咨询关系本身就具有治疗的功能。这样看来，"同理心"与同情心是两个差别较大的概念。

正确理解和使用同理心技术应注意以下几点：①咨询师应走出自己的参照框架而进入求助者的参照框架，即要学会换位思考；②表达共情要因人而异，要考虑到求助者的特点和文化背景；③表达共情要善于使用躯体语言，要学会倾听；④表达共情应把握时机，共情应适度；⑤要适时表达尊重，要善意理解并接纳对方的信念和所做出的选择或决定，而不要做价值判断或试图替其做决定。即使是表达自己与对方不同的观点也要以尊重并且恭敬的态度。

解析

能设身处地替人着想，可以减少很多不必要的烦恼，懂得利他也有助于我们与他人建立健康的人际关系。很多时候，共情使我们与一个自己不喜欢的人相处时懂得尽可能从对方的角度去思考问题，而这样做，往往就是给自己留了余地。一个能够共情的人在看到别人受伤害时，自己会有心痛的感觉，这不仅会阻止自己产生伤害别人的动机，而且会使人及时控制住自己，使事态不至于向更糟的方向发展。从这个角度看，共情是一个社会能够和谐发展的重要条件之一。所以，共情能力，不仅有助于个人的持续发展，也有助于社会的持续和谐发展。面对旅游投诉，如果接待人员不会换位思考，不懂得剖析投诉者的情绪感受，不会使用同理心沟通这种心理技能，是很难处理好类似问题的。

情境一和情境二中的客户都是带着怒气和抱怨进行投诉的，他们有可能只是为了发泄不满情绪，释放和缓解郁闷或不快的心情，以维持心理上的平衡。而旅游接待人员都没有做到同理心反馈。情境一中的客户属于情绪易波动型、唠叨型，那么建议接待者应这样处理投诉：首先，服务人员耐心倾听是帮助客户发泄的最好方式，切忌打断客户；其次，在帮助客户宣泄情绪的同时，还要尽可能营造愉悦的氛围，引导客户的情绪，但需要注意客户的个性特征并把握好尺度；最后，要善于识别对方的情绪感受并站在对方的立场上把这种理解传达出去。以下接待人员的反馈仅供参考：

情境一："您觉得李导游不重视你们游客的意见，感到很委屈，同时，您觉得您在旅游中应该随时随地有自由表达的权利，我理解您。"或"您觉得自尊心受到了伤害……您实际上非常希望导游给你们一个自由表达的机会，哪怕是征询一下你们的意见，因为每一个人的想法和意见都是宝贵的。我理解您的想法。"

情境二中客户的自尊心非常强，她认为自己的投诉是很有道理，通过投诉可以让自己所遇到的问题受到关注和重视，并得到认同和尊重。客户属于感情丰富型、细腻型、敏感型。我们给出的投诉处理建议是：首先，对客户的感受、情绪要表示充分的理解和认同，但要注意不要随便认同客户的要求；其次，做到及时回应、及时表示歉意、及时回复等，这些做法通常会被客户看作是否得到尊重的表现；最后，如果客户有不当之处，也要用聪明的方法让客户有台阶下，这也可以满足客户自尊心，让问题处理得更顺利。这里给出反馈参考如下："因为您无法理解为什么这会突然发生在您身上，所以感到愤恨。您想至少找到一些看起来更为公平的理由。"或"本来是高兴出门，没想到意外来临。换了谁，谁都会接受不了这样的事实，我理解您。"

第三篇
文化与交往

当今的旅游活动尤其是跨境旅游日益频繁。旅游者之间、旅游者与旅游工作者之间、旅游者与旅游地居民之间会产生不同程度的人际交往关系。旅游活动中人际交往的障碍主要有：语言的障碍、习俗的障碍、个性的障碍、文化的障碍等。密切、安全、合理、有效的跨文化交往可以增信释疑、求同存异，彰显中国的文化自信。心理学知识将帮助我们消除人与人之间乃至国与国之间负面的文化认同，寻求文化对话意义上的最大公约数。

41 法国的国旗蓝白红三色是否等宽呢？

案 例

小赵去法国自助旅游并观看了升旗。同行问小赵，"你能看出来法国国旗的蓝白红三色等宽吗？"小赵："等宽啊！不等宽怎么能看着舒服！"同行却笑了笑说："事实上，真的不等宽！"这下小赵诧异了，"这是哪位设计师如此粗心糊涂，敢把法国国旗设计成不等宽的三色啊！"设计成不等宽，真是粗心糊涂而为吗？

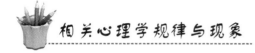
相关心理学规律与现象

联觉；颜色的心理属性：膨胀色与收缩色

联觉是指一种感觉的感受器受到刺激时，在另一感觉通道也产生了感觉的现象。例如，红色、橙色、黄色使人觉得温暖，因为人们见到红、橙、黄、紫等色后，会联想到火焰、太阳、血液等客观存在，从而产生温暖的感觉。因此我们把这些颜色也称为"暖色"；而见到蓝、蓝紫、蓝绿等颜色后，很容易联想到海洋、太空等客观事物，从而产生理智、平静、寒冷等感觉，所以蓝色、青色、紫色使人觉得冷，被称为"冷色"。这叫色温联觉现象。

颜色的心理属性不仅表现为冷暖、远近、软硬等方面，还表现为膨胀与收缩。一般而言，"暖色"的东西看上去显得大，有使视觉膨胀的作用；而"冷色"使视觉收缩。即颜色不同的两个相同物体，其面积相等，但所产生的大小感觉不同。所以，能够让物体看起来比实际尺寸大的颜色，是色彩中的"胖子"，学名叫作"膨胀色"，像红色、橙色、黄色这样的暖色，基本上都是"膨胀色"；而蓝绿色、黑色等冷色系颜色可以让物体的尺寸看起来比较小，这样的颜色是色彩中的"瘦子"，也叫"收缩色"。在色彩世界中，由于深浅不同，色彩膨胀和收缩的效果也不一样。即使是同一种色彩，产生的视觉印象也并不相同。以红色系为例，虽然大红色和粉红色都可以把物体放大，但是同样大小的物体相比，粉红色的体积看起来就要比大红色的大。而同为收缩色的天蓝色和深蓝色，深蓝色具有更好的收缩效果。在所有颜色中，白色具有最好的膨胀效果，而黑色所具有的收缩效果则是最好的。

解析

案例中的法国国旗的图案从左至右分别是蓝色、白色和红色。蓝白红三色的宽度其实并不是相等的。不过，最初设计时3条色带宽度完全相等。当国旗升空后，人们觉得这三种颜色所占的分量不相等，似乎白色的面积最大，蓝色的最小。为此，设计者与色彩心理学家进行分析，发现这与色彩的膨胀感和收缩感有关。当把这三种颜色的比例调整为蓝：白：红＝37：33：35时，看上去反而相等了。这就是为什么一件大小、款式相同的服装，在同一个人身上穿着时，颜色的不同，会使穿着者有胖瘦不同的感觉。一般来说，明色、暖色、前进色都有膨胀感，而暗色、冷色、后退色则有收缩感。所以瘦体形者宜穿着膨胀感色彩的服装，而胖体型者适宜穿着有收缩感色彩的服装，从而达到瘦者显胖、胖者显瘦的视错效果。

围棋的设计也巧妙地借用了色彩的膨胀和收缩特性。围棋中的白子和黑子看起来一样大，但事实上并非如此。黑子的直径要比白子大0.3毫米，厚度也多0.6毫米。为什么要把两种棋子设计成不一样的尺寸呢？这是因为当两者是同样大小的时候，由于膨胀和收缩的效应，选手会误认为白子占的面积更大，从而会对执黑棋的选手造成压力。因此，人们加大了黑子的尺寸来避免这类问题的发生。

42 帕提农神庙是违章建筑吗？

 **案例**

雅典帕提农神庙是供奉雅典娜女神的主神庙，又称"万神殿"，建于公元前5世纪中叶。神庙在雅典政治家伯里克利的主持下，由雕刻家菲迪亚斯监督，建筑师伊克蒂诺斯与卡利克拉特承建。公元前447年动工，前438年建筑本体完工，同年，由菲迪亚斯用黄金和象牙制作的巨大的雅典娜女神像在庙内落成，外部装饰于公元前432年结束。

图 3-1 帕提农神庙

仔细观察图3-1中的帕提农神庙，请回答：①正面的8个柱子相互平行并且完全垂直地面吗？②神庙基石是水平的吗？③神庙的柱子都是规范的圆柱体吗？④神庙的各部分装饰大小相同吗？

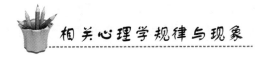

相关心理学规律与现象

错觉

错觉就是对客观事物的一种不正确的、歪曲的知觉。错觉不是糊涂人的专利，因为只要条件具备，就会产生错觉，它带有固定的倾向性，所以聪明人、火眼金睛的人都会产生错觉。例如，人人都会产生"早晨初升和晚上降落的太阳要比中午的太阳大一些"的错觉。

很多错觉发生在视觉方面，如缪勒—莱依尔错觉、波根多夫错觉、面积大小错觉，同时错觉也可以发生在其他知觉方面，如形重错觉，一斤棉花和一斤铁的物理重量相等，但是，人们用手加以比较（不用仪器）都会觉得一斤铁比一斤棉花重。这是因视觉之"形"影响了肌肉感之"重"产生了错觉。又如方位错觉，飞机在大海的上空飞行时，倘若找不到地标，没有参照点，由于海天一色，飞行经验不丰富的飞行员会分不清上下方位而产生"倒飞错觉"，造成飞入海中的事故。

解析

如此恢宏的建筑，如果按照严格意义的建筑规范动工可能会产生不必要的错误视觉效果。为了校正视错觉，其设计主要包括以下几方面的改进：

第一，八根柱子中只有中间的两根柱子是完全垂直于地面的，其余皆向内倾斜约3英寸。这样做的目的是，避免观察者产生"高处两侧的石柱被沉重的石楣压得向外分开"的错觉。

第二，神庙的基石轮廓设计成向上略凸的弧线，而不是水平线。因为面积相对较大的平面常常会给人一种下陷的错觉，所以方形的大平面会设计为向外凸出。这样设计的目的是，避免观察者产生"在上方的石楣和石柱的压迫下神庙的基石略显凹入"的错觉。

第三，神庙的柱子都是微妙的弧线，并且上小下大，以弥补长平行线带来的中部凹入的错觉。石柱并不是一样粗细，而是两边较粗、中间较细，因为按照明度视觉，衬着明亮背景时显得比较细；衬着黑色背景显得比较粗，而神庙两侧衬着天空，中间衬着殿堂，因此设计为两边粗、中间细，以平衡错觉。

第四，神庙的各部分装饰大小也不同，一般越往高处，装饰占比越大，根据观者的仰角大小均匀变化。

从案例中不难得知，错觉现象也是可以为旅游资源的开发和建设服务的。利用错觉，可以增加旅游审美效果。如中国的园林艺术的设计。园林中的高山、流水，都是通过缩短视觉距离的办法，将旅游者的视线限制在很近的距离之内，使其没有后退的余地，而眼前只有假山、流水，没有其他参照物，这样，山就显得高了，水就显得长了。这种设计手段能够起到渲染风光、突出景致的作用。又如，图 3-2 是巴黎街头一景，行走其上，为什么能给游客能带来惊喜难忘的感受？

图 3-2　巴黎街头

仔细观察前面和后面的人和景物的比例，不难发现，这不是真的地球模型，而是一幅 3D 错觉地图。

43　去蒙古国旅游只能住在蒙古包里吗？

案例

赵亮是南方人，每年夏天都热得很难熬。他听说中蒙跨境旅游项目火爆，决定夏天领着女朋友去蒙古国扎门乌德、乌兰巴托等地旅游度假。但他一想，蒙古国那么落后，人们都住在蒙古包里，我们住不习惯怎么办？再说，那里的人们都过着游牧生活，是马背民族，租不到轿车，我到了那里又不会骑马，怎么带女朋友尽情旅游玩耍？于是这个念头就被打消了。他又想着领女朋友去俄罗斯自助游，但他还有很多顾虑，俄罗斯人那么爱喝酒，主食就是黑面包，吃不习惯怎么办！最后还是选择了内蒙古草原旅游来避暑度假。

 相关心理学规律与现象

文化定势与刻板印象

文化定势是人们对另一群体成员所持有的共同的、笼统的、固定的看法和印象。人们通常用刻印在自己头脑中的关于某人、某一类人的固定印象，作为判断和评价他人的依据，心理学上也称之为刻板印象。

为什么会出现文化定势现象呢？一种观点认为，文化定势可能是由过度泛化而导致的。人所处的环境，无论是自然环境还是社会环境都太复杂了，以至于不允许人们对世界上所有的人、所有的事逐一地亲身体验和认识。为了减少认知负荷、节省时间，依据认知最省力原则，人们使用一个简化的认识方法，将具有相同特征的一群人或一个民族、种族塑造成一定的形象，这个方法就是定势。也就是说，文化定势是由于人们的信息处理能力有限，为了帮助不同文化的人们相互了解而不得不概括文化差异，从而建立起某种文化定型。心理学家李普曼认为定势是"头脑中的图片""是对某一社会群体的预先设定性的判断和由此产生的观念和意见""定势已经是一种普遍的人类认知方式"。具有文化定势的个体会断言群体中的每一成员都具有整个群体的文化特征。本质上来说，文化定势就是基于人的一种意象图式，是一种思维定势。因此从认知模式上看来，就会由群体印象进而推导到每个个体印象。不难看出，这种过度概括的思维模式，其弊端体现为，忽略了个体差异，只强调全体成员的相似性。

关于会出现文化定势或刻板印象的原因，除了"过度泛化说"之外，另一种观点认为，文化定势可能是因忽视文化具有动态性和变迁性而引起的。文化变迁是指族群社会内部的发展或由于不同族群之间的接触所引起的一个族群文化的改变。促使文化变迁的原因有两个：一是内部的，由社会内部的变化引起；

二是外部的，由自然环境的变化及社会文化环境的变化，如迁徙、与其他民族的接触、政治制度的改变等引起。而进化、发明、发现、传播或借用，是文化变迁的过程或途径，如古人发现用火烧陶土可使之坚硬从而发明制陶，纺纱机、蒸汽机的发明与之类似。当社会接受了发现和发明并有规律地加以运用时就会引起文化变迁，如欧洲工业革命、当代的科技革命。一个人在看待、评价另一国家的人时，如果忽视了这些文化的动态变迁本质，以刻舟求剑的僵化思维看人看事，就会造成思维上的文化定势。

那么是不是文化定势就没有优点呢？文化定势是否会蕴藏着人们对文化的准确观察呢？答案是肯定的。那么文化定势的利弊孰轻孰重？不可否认的是，文化定势起着沟通文化差异的"桥梁"作用，由于人的信息处理能力有限，为了帮助不同文化的人们相互了解，就必须概括文化差异，建立某种文化定型。从这个意义上说，一定程度的文化定势是有正面价值的，它具有减轻人们认知负荷的积极作用。但是，文化定势又是阻碍不同文化间顺利交流的壁垒。显然，文化定势在跨文化交际中还是弊大于利的，其消极性显而易见。

解析

案例中，赵亮作为中国人，定势思维里认为蒙古国落后，蒙古国人懒惰，都住在蒙古包里。事实上并非所有的蒙古国人都懒惰。而蒙古国乃至很多国家的人的思维定势中都认为中国人很有钱，乃至出现了国外的抢劫犯专盯中国人实施作案的局面。而事实上，就像季羡林先生的"河东河西"之说，并不是所有中国人的见面招呼语都是"你吃了吗"。此外，很多中国人认为大多数蒙古国国民还过着"逐水草而居"的游牧生活，认为他们目前仍然是"马背民族"，这也是中国人乃至全世界对蒙古国的最大误区和刻板印象导致的可笑臆想。事实上，蒙古国"逐水草而居"的牧民只有1/10，大多数人都在城市居住而不是住在蒙古包里，还有一些中产阶级在韩国生活居住，约占总人口的5%。蒙古国百姓每四人中就有一辆日韩轿车，甚至一家有两辆以上的轿车。很多中国人认为蒙古国人看不起病，教育水平低下，有很多目不识丁的牧人。事实上，官方数据显示，蒙古国接受大学或以上良好教育的人口占65%，接受9年制基本教育的人口占98%，识字率为100%，是个没有文盲的国家。卫生和医疗方面，蒙古国也一直积极吸取西方的制度，由政府为百姓买保险。没去过蒙古国的中国人，可能对蒙古国的生活方式及娱乐消费方面存在刻板印象，认为他们基本没有什么休闲活动。事实上，蒙古国是亚洲西化国家，自由时尚是年轻人追求的生活。

说起世界各个国家的人，可能我们心目中都有相应的刻板印象。有学者以中国台湾大学生作为被试，对外国人的刻板印象做了一个调查，结果如下：

美国人：民主、天真、乐观、友善、热情；印度人：迷信、懒惰、落伍、肮脏、骑墙派；英国人：保守、狡猾、善于外交、有教养、严肃；德国人：有科学精神、进取、爱国、聪慧、勤劳；法国人：好艺术、轻浮、热情、潇洒、乐观；日本人：善于模仿、爱国、尚武、进取、有野心。

此外笔者的一项相关调查研究结果显示，在中国一些大学生眼中，对俄罗斯人的刻板印象主要有狡猾、欺诈、有野心、残酷、唯物、嗜酒如命；而对蒙古国人的刻板印象主要有懒惰、落后、矛盾、虚荣、固执。

文化定势的最大弊端体现为文化本位主义，它是指将个体特征强加于个体所属群体的其他成员，或专为自己所属的群体打算而不顾整体利益的思想。例如，我国古代，中原地区的人们非常推崇自己的群体文化，而将边远地区少数民族称为南蛮、蛮子。一旦在定势中加入感情的成分，就会变化为偏见，以偏见指导人们的行为就出现了歧视。此时，观念直接影响了行为。

在跨国旅游活动中，如何正确地利用和克服文化定势，减少其负面影响呢？首先，要深入学习和了解各种文化以避免文化定势。因为文化是多元的，要避免跨文化交际中的文化定势，最有效的办法是要深入了解和熟悉外国文化，包括历史、地理、哲学、文学、价值观、风俗习惯等各方面的知识。其次，要合理利用文化定势的积极影响，减少其消极影响。文化定势的积极作用一方面可以帮助人们对不同文化有一定的认知和了解，让人们摆脱束缚其思想的桎梏；另一方面可以避免人们产生"本族中心主义"，不会以本族文化为中心来简单认同本族文化，从而抬高本族文化，把异族文化置于消极的境地。我们应该将文化定势的消极影响和积极影响作为一个矛盾的统一体来看待。通过合理运用文化定势，使之成为一个剖析自我、认识他人的开端，以达成更好的交流和沟通。最后，要加强不同文化间的对话。因为世界是多元的，一切都是变化着的，文化也不例外。不同文化间的对话涉及人类的历史、文明甚至人类存在的基本哲学命题。我们要尊重异己文化的价值观念，并赋予它与时俱进的特征，为我所用。

44 和旅游团里的外国朋友该聊些什么话题？

 **案 例**

一位中国人赴俄罗斯旅游。在观看世界杯足球比赛的现场，身旁坐着一位俄罗斯朋友。对方友好地向这位中国人点头问好，这位中国人也想找些话题和他聊一聊，但不知从何聊起。于是，他就问了几句："你多大了？属什么的？""请问你在什么哪里工作啊？"对方似乎没有正面回答。观看比赛过程中，这位中国人对这位俄罗斯朋友说"俄罗斯的某某球员是个差劲的前锋！""南美球员的球技就像舞蹈一样有技巧性，俄罗斯球员全凭蛮劲与力量在踢球！"俄罗斯朋友一直在沉默。为什么？

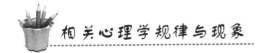 **相关心理学规律与现象**

文化的维护；乔哈里窗理论

人际交往讲究安全、合理、有效的沟通境界。20世纪50年代，美国心理学家乔瑟夫·勒夫（Joseph Luft）和哈里（Harry Ingram）在从事一项组织动力学研究的时候，就沟通的技巧和理论建立了一个以他俩的名字合并而成的乔哈里模型（JoHari）。因为这个模型用一个窗户来诠释非常形象，所以这个理论也被称为"乔哈里窗理论"，如图3-3所示。

乔哈里窗把人的内心世界比作一个窗子，我们分别来看这四个象限：①公开区。这里有自己知道、别人也知道的资讯。如你的名字、发色。②盲区。这里有自己不知道、别人却知道的盲点。如你的处事方式，别人对你的感受、你留给别人的印象。③隐蔽区。这里有自己知道、别人不知道的秘密。如你的秘密、希望、心愿，以及你的好恶、隐私。④封闭区。这里有自己和别人都不知道的神秘，如潜在的能量、感应、灵犀等。

别人不知道	别人知道	
隐蔽的自己 （隐蔽区）	敞开的自己 （公开区）	自己知道
不可知的自己 （封闭区）	不自知的自己 （盲区）	自己不知道

图 3-3　乔哈里窗

 解析

　　案例中的这位中国朋友的谈话内容是很不礼貌的，也是不合时宜的。此时我们应该将一些主观评论式表达改为客观观察式更为合适，如"俄罗斯的某某球员没接住球"或"某某球队错失了一颗球"这样的表达较为合适。

　　话题是跨文化交往的核心。在跨文化沟通中，双方拥有不同的生活方式、不同的惯常行为模式、不同的风俗习惯、不同的宗教信仰、不同的思维方式等。重视这些差异，选择双方都感兴趣的大众话题，尽量回避禁忌话题，才能走向"沟而能通"的大道，否则会造成沟通受挫、产生误解，甚至造成关系恶化。

　　案例中的中国人在跨文化沟通中如何利用公开区制造友好的交流气氛？如果不善于利用公开区，就会给人留下不太热情、不主动的感觉。其实，在公开区内，双方交流的资讯是可以共享的。在此区域内，一是可以谈工作。有些人一问及工作便急于打探细节，如"在什么部门工作啊？""是什么官职啊？"这种打破砂锅问到底的精神会让对方感到窘迫。谈工作是大众话题，但谈工作时仅可以涉及谈话人的职业、任职时间、职业兴趣等，至于工资收入、额外补助津贴之类的，属于个人隐私，最好避讳。二是可以谈天气。因为气候的阴晴不定、土壤的时好时坏，确实会直接影响到靠天吃饭的人们的生活质量，所以，以谈天气作为暖场方式是一个不错的选择，也是一个很中性的话题。谈论时，也可以根据当时天气的情况，适当发表一些评论性的意见。比如"今天比昨天热一些""莫斯科的天气要比北京冷得多""莫斯科的春天在 5 月和 6 月，北京的春天 3 月就开始了"，等等。三是可以谈国内或国际时事。如国际球赛、自然灾害、政治丑闻、经济政策、文艺演出，它适用于非正式交谈，允许各抒己见、任意发挥。但是，当中国人在谈及俄罗斯国内的此类话题时，措辞务必慎重，

尽量不要引起对方的误会，更不能妄加评论，甚至贬损对方国民。四是可以谈业余爱好。业余爱好的范围很广，如游泳健身、下棋打牌、流行时装、游山玩水、收藏古董、美容美发、名胜古迹、风土人情、名人逸事、烹饪小吃等，这些都是轻松的话题，让人身心放松。这些话题能让跨国友人的心理距离接近，也是思想灵感碰撞的源泉。五是可以谈大众娱乐活动。如电视节日、国际影星、球星、歌星等以及他们的八卦新闻，因为这些针对的是第三人，双方在谈话过程中心理戒备较少，甚至彼此会积极回应，引起思想的碰撞。六是可以谈业已确定的话题或双方业已约定好的话题，如心理咨询、讨论作业、研究工作。当然也包括其中某一方事先准备好的话题。如求助他人、请教问题、征询意见。七是可以谈格调文雅脱俗的话题。历史、文学、艺术、哲学、考古、地理、建筑等都属于此。因为艺术是无国界的，但要求面对知音，不要班门弄斧。八是可以谈擅长的话题，特指交谈双方尤其是交谈对象有研究、有专长、有兴趣、有可谈之处的话题。话题选择之道在于，应以交谈对象为中心。例如，与蒙古国某市的旅游局局长交谈，宜谈"万里茶道"；与俄罗斯博士生导师交谈，宜谈研究课题；与中国的中医师交谈，宜谈阴阳五行相生相克之理。但都忌讳以某一方为强势话语权，把双方的沟通活动搞成了"一言堂"。

如何对待隐蔽区？跨国友谊的发展过程是循序渐进的。案例中的中国人与陌生的俄罗斯人聊天，可以谈论一些日常话题，如在哪里长大，喜欢的球队等。随着彼此之间的相互了解、相互信任，可以开始谈论一些较深层次的东西，如政治观点、宗教信仰等。只有当彼此之间了解得更多的时候，他们才会谈论更为个人的东西，如彼此的健康问题、人生观、价值观问题。隐蔽区是一个部分信息能够转化为公开信息的区域。利用隐蔽区的要点包括：一方面，沟通者要懂得如何循序渐进地与别人进行交流。另一方面，选择一个能够为沟通双方都容易接受的"信息开放点"，主动开放内心，适时自我暴露。当然，为了获得理想的沟通效果，在选择"信息开放点"时要避免过于私人的问题，所谓"入国问禁，入境问讳，入乡问俗"。禁忌是人类社会所特有的最为普遍的文化现象之一。在跨文化沟通中，禁忌无处不在、无时不在，对人们的沟通活动具有很强的现实约束力。有哪些禁忌？一是忌谈个人隐私。如家庭、子女、待遇收入、年龄、属相、婚姻、健康、教育背景、成长环境、生病经历等。二是忌在沟通时要笑对方。三是忌谈有争议的话题。四是忌非议双方都熟悉的第三人。歌星、影星是适宜交谈的第三人，原因在于这些明星不认识沟通双方，但是当谈论的第三人与沟通双方都相互熟悉时，有些话就要慎重了，绝对不能无中生有或妄加评论不在场的第三人。五是忌谈有倾向错误的话题。像违背社会伦理道德的、阴谋诡计的、思想反动的、违法乱纪之类的话题都不应信口开河。六是忌谈令人反感的话题。如枪击惨案、天灾人祸、顽疾病痛、挫折失意等令人不快的敏感话题。

如何对待盲区？盲区指出了存在未被自己察觉的自我，所谓"当局者迷旁观者清"，这在跨文化沟通中表现得尤为明显。例如，英国人可能会认为我们中国人心眼多，说话转弯抹角、言不由衷，但是我们自己可能完全没有意识到这一点，甚至我们认为谦虚是一种美德，而直接给出结论是粗鲁的表现，结论需要让对方推理得出。事实上，中国人总是避免直接否定他人，他们不轻易地说"不"字，而是委婉地以正面、积极的语言对话，如中国人更倾向于说"我们只能为您提供此项服务以外的业务"而不会说"我们不能为您提供此项服务"；中国人倾向于说"你明天可以拿到材料"而不会说"你今天拿不到材料"，而这有时会让外国人感到意义不明晰，认为我们说话很圆滑、不实在。中国人保持沉默有时表达的是"不同意"的意思，而在外国人看来这是默许的意思。因此，面对类似的文化冲击，双方都必须要做好文化适应的心理准备并及时调整自己的表述。因此，在跨文化交往中，仅仅懂得外语是不够的，还要了解不同文化之间的差异，接受与自己不同的价值观和行为规范，从而尽量减少自己的盲区。

如何对待封闭区？"潜在的我"代表了自己和他人都不了解的自我维度。这个自己和别人都未知的世界，能否变成有用的资源呢？我们可以肯定的是，这个区域中总有一些信息会为我们的沟通提供有力支持。心理学家的研究发现：封闭区和开放区、隐藏区、盲区之间是有一定联系的，通过不断的阅读和学习，人们可以加深对开放区、隐藏区、盲区的特点的认识，会不断地增减相关的区域来促进自己更有效地发展。而这些区域都是和封闭区相关的，在其他区域不断增减的过程中，必然会引发封闭区域内部的一些变革，让其中大家都不知道的资讯变得可以知道。例如，当你主动地学习跨文化沟通技巧时，会发现自身以前存在的一些盲区——自己曾经认为中华文化是最博大精深的，其他民族的文化都微不足道尔。之后你突然发现，原来每个民族的文化都是需要被尊重的，要学会认同其他民族的文化，求同存异。随着其他三个区的扩大，你预测出了这种思想的危害以及文化认同的必要性，封闭区同时会减少。

总之，乔哈里窗的风景是非常美丽的，它道出了许多事实和人性：每个人所看到的都有其局限，而每个人都需要有自己隐私的区域；沟通时有交集的只有

"我知他知"的开放区；在封闭区，需要更多的耐心和观察力让自己和他人未知的地带减少，进而实现良性的沟通。在跨文化交往中，我们需要知道，我们现在看到的是窗的哪一部位。懂得自己所处的位置，便能更好地和别人沟通交流。

45　不同国家的人们的情绪表达有何差异？

 **案例**

在一个赴美国旅游的国际旅游团中，有来自中国、蒙古国、俄罗斯等不同国家的游客。导游发现，在购买旅游纪念品时，面对美国当地人的价格歧视，不同国家游客的情绪反应是不一致的。中国人的不动声色明明是在隐忍，蒙古国人却认为他们没有想法，而美国人认为中国游客的态度表明价格合理，他们基本满意。旅游期间恰逢特朗普竞选美国总统成功，特朗普竞选总统当天在酒店大办庆功宴，蒙古国与俄罗斯游客对此举并没有什么评价言论，认为成功的亢奋一定是要表现出来的，而一些中国游客对此嗤之以鼻。导游感慨：不同国家的人们的情绪表达差异实在太大了！

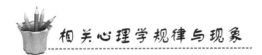 **相关心理学规律与现象**

情绪的跨文化差异

虽然情绪有跨文化的一致性和相同性，心理学家还是发现，不同文化背景的人，对情绪的认识、情绪的使用、情绪的判断、情绪的体验、情绪的管理还是有很大的差异的。

例如，不同的文化对情绪活动的生理定位不尽相同。美国人通常把情绪定位于人们的心脏活动；中国人也把情绪定位于心脏，所以中国人有"心情"这样的说法；日本人通常把情绪定位于自己的内脏和腹部，所以日本人为了表达自己的忠心，一定要剖腹自杀；很多欧洲人则把情绪定位于脑区的活动，自杀采用的是枪击脑区的方法；马来西亚人则把情绪定位于自己的肝脏；凡此种种，不一而足。有一项心理研究发现，日本人和高加索人在观看恐惧面孔时存在不同脑区的激活。高加索人在观看恐惧面孔时，扣带后回、辅助运动皮层和杏仁核被激活；而日本人则为右侧额下回、前运动区和左侧脑岛显著激活。这表明，高加索人可能是以更为直接和情绪化的方式对恐惧面孔做出反应，而这些面孔并未引起日本人的明显情绪反应，他们只是激活了模板匹配系统来进行表情识别。另一项类似的研究分别向日本人和美国人呈现愤怒、高兴或者中性情绪面孔。结果显示，来自被试本国的愤怒面孔图片会比其他文化的图片诱发更强的杏仁核活动，这表明人们对来自本文化族群的威胁性的情绪表达具有更强的唤醒和警觉度。

情绪表达抑制功能也具有文化差异。表达抑制是指当情绪被唤醒时，个体有意识地抑制自己情绪表达的行为。最新研究成果显示，西方人在做事时喜欢把积极情绪发挥到最大化并尽量减少消极情绪，而亚洲人则愿意平衡这两种情绪。在个人主义文化背景下，社会不鼓励个体使用情绪表达抑制，而且个体也不擅长使用这种情绪调节策略。而在东亚等集体主义文化背景中，相对于情绪表达，情绪抑制更受鼓励。也就是说，在个人主义文化中，其主流文化思想是最大化积极情绪，最小化消极情绪。正向情绪体验通常被认为对个体的身心健康大有裨益，表达自身的正向情绪或者是勇于追求愉悦的感受是一项基本的权利和自由，他们倾向于使用情绪表达来满足其自我一致性需求，而不一定会抑制情绪来达到维持人际和谐的目的。纵使他们使用表达抑制，其主要目的也是保护自己，而不是维持人际关系。

解析

案例强调的是，不同文化背景的人对情绪的价值和意义的理解是不同的。在西方文化下，情绪表达有着特别重要的意义，领导人必须能够表达出自己的情绪。一位不喜形于色、怒形于色的领导，在西方社会会被认为是没有人格魅力的领导；而在东方社会（如中国），喜（不怒）形于色才是做领导的必备条件，所以东方社会对情绪持有排斥、压抑的态度。

不同于个人主义文化，集体主义文化的主流思想是通过积极情绪体验和消极情绪体验间的平衡来寻求中庸之道，如中国人。在集体主义文化环境中，极端的情绪，无论是狂喜还是暴怒、愤恨还是大笑都不被推崇。在极端的集体主义文化之下（如在朝鲜），有时微笑都会被视为敌视他人，这与大多数国家认为的微笑即愉悦友善的信息而悖，而人们动作的统一和不苟言笑也被认为是在意他人和集体的存在，是对集体主义文化的响应和服从。这就是极度重视群体和谐的结果。集体主义的外显情绪表达较弱，激烈情绪的表达频率相对较低、持续时间较短，人们会顾及他人感受而压抑收敛自己的情绪。在这种文化背景下，人际和谐是核心的社会规范，相应地，人们必须谦让，克制、隐藏自己强烈的情绪并保持冷静方可保证成功。因此，个体在社会观察中学会了如何根据他人的喜好理智地调节、收敛自己的情绪。因此，拥有中国和东亚文化背景的人在做事时更容易有百感交集的情绪，而俄罗斯人和蒙古国人更倾向于真实地表达他们的情绪，他们不高兴就会把脸沉下来，而对于一些中国人言不由衷的行为他们是不敢苟同也是理解不了的。

我们强调的是，文化没有绝对的是非黑白之分，不同文化之间也未必截然对立。某种文化恰当与否，往往取决于它在某时某地与某个目标的配合程度。评价个体的情绪行为是否恰当，很大程度上还需要依据一定时空限定下个体与环境的协调程度。

46　为什么我和俄罗斯游客说话时，他却后退了一步？

案例

小王经常带国际旅游团，游客来自世界各地。他发现，和美国游客沟通交谈时，他们会主动和对方保持一个较远的距离，英国人也如此。阿拉伯游客和他人交谈时，会保持比较近的距离，法国人也如此。当然这也不能一概而论，一次小王统一收护照准备给游客办理手续，同是来自俄罗斯的游客，一位男性游客会凑上前去询问相关情况，小王自然也耐心地解答，而小王主动向另一位男性俄罗斯游客询问情况时，他却后退了一步才张口说话，这让小王怪尴尬的。

小王感叹，为不同国家的游客做导游，交谈时的距离还真是一门学问呀！

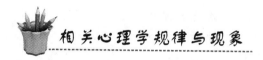

相关心理学规律与现象

人际空间距离

在社交场合中，人际距离也是一种非常有用的静态视觉性非言语符号信息。人际空间距离可以表现出人与人之间关系的密切程度。个体空间的一般距离会因文化有异，也会因性别与地位有别。在社交环境里，人们都要遵守相应的空间使用准则，人们应该根据自己对空间的舒适感设定一个距离底线。有关人们在人际互动中如何使用空间和距离的研究，被称作空间关系学，这是由社会心理学家霍尔（Edward Hall）提出的概念，他将人际空间距离分为四种：亲密距离、个人距离、社会距离和公共距离。

亲密距离，0~46厘米，这一距离空间属于亲爱的人、家庭成员、最好的朋友。在此区域中，可以有身体接触，如拥抱、爱抚等，话语富于情感，并排斥第三者加入。

个人距离，0.46~1.2米，这一距离空间属于同学、同事、朋友、邻居等。由于距离不算远，在此区域内交往，说话一般避免高声。

社会距离，1.2~3.6米，在此距离空间之内，人们相识但不熟悉，交往自然，进退也比较容易，既可发展友谊，又可彼此寒暄、应付。

公共距离，3.6~7.6米，目光所及，这是与陌生人的距离，表明不想有发展，在此区域人们难以单独交往，主要进行公共活动，如做报告、等飞机等。

解析

每天随着交往环境的变化，人们使用不同的人际空间距离。当你作演讲时，你和听众之间的距离最大，这是公众距离；在你和客户谈判时，你们之间的距离是社会距离；个人距离是你和朋友聊天的距离；等到你回到家，和孩子、爱人之间的亲密接触就是亲密距离。当人们违反了这些规则，就会引起对方不舒服的感觉。可以说，我们对每个人都有自己的心理空间距离，这个距离太远或太近都会让自己不舒服。接近性的平衡理论认为，如果人际距离小到不合适的时候，人们就会减少其他途径的接近性，例如，减少注视、用倾斜的姿势等。

典型事例是，在电梯里或公交车里，人们为了避免眼神直接接触的尴尬，会采取读书看报、看手机或听音乐的方式。随着人口的增长和都市化进程的加快，人们在各种公众场合的个人空间越来越狭小，这迫使人们尝试去适应越来越狭小的个人空间。但我们需要知道，在社会交往中，每个人都有保持距离的动物本性，能够在沟通中有意识地创造人与人之间的生态平衡，是个人素养的体现。

当然，上述理论只是一般而言，各国文化亦稍有不同。例如，由于俄罗斯地广人稀，很少有人群拥挤的情况，且俄罗斯整体气候寒冷，属于"低接触文化"，不喜欢人与人之间距离过近，与陌生人交谈时他们习惯保持一定的空间距离，但与亲朋好友之间就不会太在意。这与中国有些不同。在中国的商场购物时，彼此陌生的中国人凑在一起，同看一款商品或相互品评一款产品也是很平常的事情。如果中国人在俄罗斯，就要有相应的敏感性并提醒自己：退后一步，给彼此足够的生物性空间。

一般而言美国人独立性特别强，对"自我"的理解也显得十分"霸道"，他们不但将身体和衣服视作自我的一部分，还将周围几十厘米的空间全都划为自己的"地盘"，也算是自己的一部分。所以他们会在交谈时和对方保持一个较远的距离。阿拉伯人却和美国人的情况完全相反，他们将"自我"理解为心灵，认为心灵才是真正的自我，甚至连身体都不算是真正的自我。所以阿拉伯人和他人交谈时，会保持比较近的距离。如果是阿拉伯人和美国人说话，那就非常有趣了，通常你会看到阿拉伯人步步紧逼，美国人则像是受到了惊吓一样不断后退，最后因为实在无法忍受而伸手喊停。

同样身为欧洲人，法国人在人际距离方面的要求就与其他国家的人大相径庭，他们认为近距离是一种亲近的表现，因此在与人交谈时会凑得非常近，恨不得把呼出的气直接喷在人家的脸上。但英国人却要求有比较大的人际距离，距离太小会非常不适应。假如法国人和英国人交谈，也会像阿拉伯人和美国人交谈那样，一方步步紧逼，另一方节节后退，就像是攻防战一样。

地位不同的人，对交往中的空间距离要求也不同。通常情况下，越是地位高的人，越要求享有更多的私人空间，对沟通中的空间距离要求就越大。这也是为什么越是级别高的人，办公室就越大，办公桌也越大。如果还不明白，想想古代的皇帝就知道了，皇帝们总是高高在上地坐在金銮宝殿之上，和大臣们隔开很远的距离，这就体现了他的权威。当你和同级别的同事沟通时，可以坐得离他很近，但如果你和总经理谈话，肯定自然而然地坐到他的正对面，与他隔开很远的距离，绝不会冒冒失失地坐到他附近的位置去。这些我们平时可能不太注意的细节，正说明了地位高的人对空间的要求与常人的不同，我们正是为了不触犯他们的"领域"，才自觉远离他们。

在人际交往的空间距离问题上，个人性格因素也不容忽视。性格外向、活泼开朗的人，往往更容易接受和他人近距离接触，因为他们愿意跟人交往，不喜欢把自己封闭起来。但性格内向、行为较孤僻的人，则对他人的接近感到厌烦，希望与别人保持远一点的距离。除了本身的性格之外，心情的好坏也是重要影响条件。心情好时，我们对环境的耐受力更强，对别人的接近接受度就高；心情不好时，我们对环境的耐受力较弱，对别人的接近更容易产生厌烦心理。

了解在什么样的场合应该保持什么样的空间距离，以及什么样的人际关系应该保持什么样的空间距离，并对国家、民族、性格、地位等一系列因素进行综合考虑之后，我们才能做出正确的判断，知道应该与沟通对象保持怎样的距离。只有选对了距离，才能更好地交往。

47　文化冲击后是文化休克还是文化适应？

案例

一对中国夫妇去美国穷游。一个美国人对中国丈夫说："你的妻子很漂亮，可惜你养不起她！既然如此，那你就把她让给我吧，因为我爱她，我可以给她更好的生活。"碰到这种事，这位中国男性也许真的会休克过去。

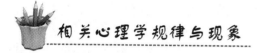

相关心理学规律与现象

文化冲击与文化适应

所谓文化冲击是指突然陷入一种因失去我们所熟悉的社会交往符号和象征

而产生的焦虑状态。例如，不同文化背景中的人的措辞、手势、面部表情、习俗规范是不一样的。通常情况下，我们总是会下意识地去使用本背景文化中的符号和象征，但这可能会导致文化冲击，剧烈的文化冲击甚至会导致文化休克。文化休克是指在跨文化沟通中，人们由于失去了自己熟悉的社会交流信号或符号，对于对方的符号不熟悉而产生的深度焦虑症。比如，美国的文化背景是崇尚竞争，从教室到运动场，再到董事会会议室，处处讲竞争，其经济体制也建立在自由企业的基础之上。当然世界上还有许多文化是崇尚合作的，如中国。因此，案例中的那位中国人遇到了这位美国人，也许真会休克过去。

文化冲击引起的后果包括从浅层次的温和不适到深层次的心理恐慌以至心理危机。当人们置身于一种陌生的文化环境时，他们既想去找出在这个新文化环境里有意义的东西，又意识到自己所熟悉的文化模式与此毫无关联；既必须去适应新的不熟悉的行为方式，又担心自己的行为会无意违背禁忌。具体来说，文化冲击所带来的后果表现在以下几方面：超出预期角色行为的混乱感觉；意识到全新文化的某些特征后所产生的惊奇感觉；失去原来熟悉的环境（如朋友、财产等）和文化形式的感觉；被新文化中的成员拒绝（或至少是不被接受）的感觉；因在新文化中不能充分尽职而不能较圆满地实现职业目标所带来的失去自信的感觉；因对环境很少或根本不能控制所产生的无能感觉；对原有价值观何时才能再发挥作用怀有疑问的强烈感觉。

可以想象，文化冲击常常会引起负面情绪，如无助、失落、愤怒、焦虑等，同时伴有认知上的偏离，如认为自己被欺骗、受伤害、被侮辱、不受重视，由此带来行为动机的缺失，比如没有动力去做事、回避做事、社交恐惧等。因此，在国外生活的人可能都在不同程度上面临着如何尽快完成心理适应的问题。

根据人类学家卡尔韦罗·奥伯格的研究，文化冲击通常要经历以下四个阶段（见图3-4）：

第一，蜜月阶段。当大多数人带着明确的态度初到东道国时，这个阶段就开始了。这一阶段的主要特征是欣喜，就像度蜜月一样，看到的一切似乎都是新奇的和令人兴奋的，对东道国怀有不现实的期望，对自己可能会有盲目的自信。这一阶段一般会持续几天到几周。

第二，沮丧阶段。蜜月期并不会永远持续，在几周或几个月内问题就会出现。在国内认为理所当然的事情却没有出现，大量的小问题却成为不可逾越的障碍。当你突然意识到这是文化差异导致的问题时，失望、烦躁、恐惧会逐渐增大。所以说，这是一个充满危机的阶段。正是在这一阶段，上面提到的各种症状会逐渐显现。对付这个阶段的通常模式是同其他侨民一起指责或贬抑当地人，"他们怎么会这样愚蠢?""这样肮脏?""这样懒惰?""这样无所事事?"渡过这一危机的速度会直接影响在国外适应成功与否。据统计，大多数人从来都没能经受住这一阶段的考验，他们会退回国内或者硬挺下来，但即使是硬挺下来，也始终伴随强烈的负面情绪，如焦虑、迷茫、无助、愁苦、抱怨等。

第三，恢复调整阶段。这是一个经历过危机并逐渐恢复的适应阶段。随着对全新文化的逐渐理解，一些文化事件开始变得有意义，自己的行为方式逐渐适应，语言也不再难以理解，在第二阶段难以应付的生活琐事也慢慢能够解决。简言之，一切都变得自然和有条不紊。同时，如果一个人能不时地对自己的处境进行反思、自嘲、变通，那么这就是充分恢复和适应的标志。

第四，稳定适应阶段。很多人从来也没有达到这一阶段。这一阶段意味着一个人完全或接近完全地恢复了在两种不同文化中有效工作和生活的能力。也许几个月前还难以理解的当地习俗现在不但能够理解并且能够欣赏品位。此时，能不能说明所有文化间的疑难问题全部解决了呢? 还不能，这只能说明在异文化中因工作和生活引起的高度焦虑情绪消失了，但问题尚未完全解决。可以试想，一位成功地完成了文化适应过程的移民返回居住国会有什么样的心理体验? 是的，又回到家里的移民在调整回原有的文化环境中将会体验一种"相反的文化冲击"，有时他们会发现自己又不适应了，于是又决意去移居，而这次就会一去不复返了。成功地迁移到外国环境中的移居者曾报告说，文化冲击的过程重新开始了。不难看出，文化冲击是一种环境特性，对于每一种新的文化环境都会有一种新的文化冲击。

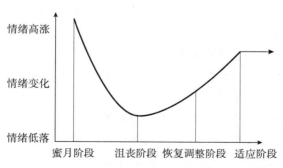

图3-4　文化冲击曲线分析

 解析

  对于跨文化交往带来的冲击，远古时代早有相关记载。伟大的古希腊历史学家希罗多德在《历史》里讲到这样一个故事，当大流士做国王的时候，他治下的希腊人奉行火葬，而卡拉提亚人则会吃掉去世亲人的尸体，大概是认为这样可以让逝者在世间继续存在。一次他召来希腊人，问他们要怎样才肯吃掉自己父亲的尸体，希腊人觉得这种事根本不可想象；他又叫来卡拉提亚人，问他们怎样能答应火葬自己的父亲，卡拉提亚人禁不住高声叫喊，不愿提起这可怕的行径。这些根深蒂固的想法让大流士大发感叹，"习惯乃是万物的主宰！"

  当今人类文明历经了多年的发展与融合，当下的跨文化交往已经没有像历史故事里记载得那么极端。然而跨文化差异因素的困扰毕竟是客观存在的，甚至大多数民族都深信，他们自己的习俗要比其他民族的习俗好得多。

  在跨文化交往中，根据人们对文化冲击的不同的应对手段，沟通结果也可能呈现出复杂性。加拿大皇家学会院士董林雪英博士提出了跨文化沟通的四种可能结果：文化融合/多文化共存、文化边缘化、文化同化、文化分隔。

  首先，文化融合/多文化共存。在文化融合或多文化共存时，人们觉得有必要保存他们自己的文化，同时他们也被主流文化的准则所吸引。把两种文化的精髓相结合应该说是跨文化沟通最为理想的一种形式。

  其次，文化边缘化。最无效的文化适应方式是文化边缘化。来自少数文化的成员既不被鼓励保留他们自己的文化准则，也不被接纳加入主流文化。

  再次，文化同化。少数文化的成员单方面去迎合主流文化。许多外派职员都把这视为一种与当地人互动的有效方式。然而，外派职员如果被所在国的文化过度同化，他们很可能被指责为"本土化"，而总部的人也会以怀疑的眼光、崇洋媚外的观点审视看待他们。在处理国内文化差异时，来自少数文化的成员很可能失去自己丰富的文化传统。

  最后，文化分隔。少数文化的成员与主流文化保持距离。例如，在国际环境中，许多来自少数文化的外派职员选择住在规定为外国人居住的区域，很少与当地人接触。在处理国内文化差异时，来自某一少数民族的成员倾向于与来自相似文化背景的人多接触。这种办法虽然简单易行，但它既不能产生有效的协作关系，也有悖于大部分公司所提倡的包容政策。

  完全避免文化冲击的一个有效办法是出世而不是入世，如选择待在家里、

远离人群。但是，作为一个社会人，逃避只能是权宜之计。积极地应对文化冲击的唯一可行的选择是努力学习跨文化沟通技巧、改变态度、主动化解负面情绪，这呼唤着跨文化心理学家、社会学家等学者对文化适应领域的深入研究。

48　怎样才能让上级领导多给你们部门三个旅游名额？

　**案例**

公司为了奖励市场部的员工，制订了一项海南旅游计划，名额限定为10人。可是13名员工都想去，部门经理需要再向上级领导申请3个名额。部门经理向上级领导说："朱总，我们部门13个人都想去海南，可只有10个名额，剩余的3个人会有意见，能不能再给3个名额？"

朱总说："筛选一下不就完了吗？公司能拿出10个名额就花费不少了，你们怎么不多为公司考虑？你们呀，就是得寸进尺，不让你们去旅游就好了，谁也没意见。我看这样吧，你们3个做部门经理的，姿态高一点，明年再去，这不就解决了吗？"

部门经理该怎样说才能促进与领导的沟通成功？

　相关心理学规律与现象

知觉的选择性

要理解立场问题，我们需要从知觉的选择性说起。大家仔细观察图3-5，可以看到什么？

当你以天为背景时，你看到的应该是"几处早莺争暖树"。当你换一个参考框架，以树为背景时，你看到的是"芙蓉如面柳如眉"。知觉的选择性告诉我们，面对同样的情境，不同的人会知觉出不同的结果。因为个体已有的认知

图 3-5　知觉的选择性示意图

经验不同，立场不同，视角不同，参考框架不同，出发点不同，得出的结论也就大相径庭。这种基于不同立场的见解分歧是大脑知觉的必然结果，是不可避免的。

那么如何解决这种分歧呢？我们常说，理解万岁！罗杰斯的患者中心疗法的最可贵之处就在于，能设身处地地了解患者。换位思考是协调意见分歧的有效手段。要想做到换位思考，就要少用"我觉得""我认为""I believe"这样的字眼，不能一说话，就想把对方压扁，要与对方辩论。要多使用"我们""咱们""你"这些字眼。要保持客观公正的立场，要体验对方的内心"如同"体验自己的内心一样。此外，非言语行为，如目光、面部表情、身体姿势是也表达同理心的有效手段。

解析

这位部门经理沟通失败的最主要原因是，不懂换位思考，只顾表达自己的愿望而忽视了对方心理反应，所以发言以自我为中心，出言不逊，不尊重对方。此外，他没有选择最好时机且缺少礼仪，没有寒暄。如果能避免上述问题，沟通效果不至于此。以下成功沟通范例仅作参考。

部门经理："朱总，大家今天听说去旅游，非常高兴，也非常感兴趣，觉得公司越来越重视员工了。领导不忘员工，真是让员工感动。朱总，这事是你们突然给大家的惊喜，不知当时你们如何想出这个好主意的？"

朱总："真的是想给大家一个惊喜，这一年公司效益不错，是大家的功劳，考虑到大家辛苦一年。年终了，该轻松轻松了，而且放松后才能更好地工作，同时也能增加公司的凝聚力。大家要高兴，我们的目的就达到了，就是让大家高兴的。"

部门经理："也许是计划太好了，大家都在争这 10 个名额。"

朱总："当时决定 10 个名额是因为觉得你们部门有几个人工作不够积极。你们评选一下，不够格的就不安排了，就算是对他们的一个提醒吧。"

部门经理："其实我也同意领导的想法，有几个人的态度与其他人相比是不够积极，不过他们可能有一些生活中的原因，这与我们部门经理对他们缺乏了解、没有及时调整都有关系。责任在我，如果不让他们去，对他们打击会不会太大？如果这种消极因素传播开来，影响不好吧。公司花了这么多钱，要是因为这 3 个名额降低了效果太可惜了。我知道公司每一笔开支都要精打细算。如果公司能拿出 3 个名额的费用，让他们有所感悟，促进他们来年改进，那么他们多给公司带来的利益要远远大于这部分支出的费用，不知道我说的有没有道理，公司如果能再考虑一下，让他们去，我会尽力与其他两位部门经理沟通好，在这次旅途中每个人带一个，帮助他们放下包袱，树立有益公司的积极工作态度，朱总您能不能考虑一下我的建议。"

朱总："那这样，我就多给你三个名额吧！"

49 为什么同在一个旅游团队，他却不和我聊天?

 案例

小张喜欢交朋友，在旅游团里，他会主动地和别人聊景观、聊人生，而且他很注重礼仪，第一次见面，都要报上自己名字的全称。他认为，世界正在变成"地球村"，人们之间的交流应该越来越密切，热情主动深入的聊天是当代旅游者的共同特点。有一次他靠近一位游友主动请教兵马俑的相关历史知识，没想到对方不仅没回答他，而且好几天都没理他，还躲着他。可他就是想不明白，为什么别人面对自己的热情主动时很冷淡，爱答不理呢?

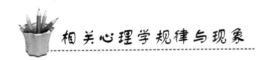

相关心理学规律与现象

人际知觉

人际知觉是指对人与人之间相互关系的知觉，包括对人的外部特征、个性特点的了解，对人的行为的判断和理解。这种知觉主要是在人际交往中发生的，以各种交际行为为知觉对象。交际行为指人们在交往中相互接触和交换的言语、态度与动作，包括礼节、交谈、表情、援助、侵犯等行为。

社会心理学家奥尔特曼和泰勒分析并总结了在人际知觉过程中，人际关系的建立与发展需要经历四个阶段。我们如果能敏锐地知觉出自己与他人关系所处的特定阶段，说话做事就不会冒失。

第一，定向阶段。在这一阶段，人际关系的发起者对交往对象有注意、选择、初步沟通等方面的心理活动。人们会从各个方面评价对方，根据这些观察决定是否与之建立关系并继续发展。用一句话来描述这一阶段的特点，"只因为在人群之中多看了你一眼"。

第二，情感探索阶段。在这一阶段，双方探索彼此在哪些方面可建立感情联系。人们有意识地努力寻找共同的兴趣或经历，通过表达自己的观点、态度和价值观，观察对方的反应来进行试验。在这一阶段，每一件事似乎都是很愉快的、轻松的和非批评性的。许多人际关系也都停留在这一阶段，如同学、同事关系。

第三，情感交流阶段。在这一阶段，信任感、安全感已经建立起来了，沟通的深度有所发展并有较深的情感卷入。双方愿意花更多时间在一起，他们喜欢相互陪伴，谈话中出现共同期望和假设。在这一阶段，自我暴露是一种风险，因为自我暴露既可以使相互关系加强，也可能使双方受到伤害，正所谓"相爱容易相处难"。

第四，稳定交往阶段。在这一阶段，双方的交流进入彼此的私密性领域，自我暴露广泛而深刻。

 解 析

　　友谊的发展过程是循序渐进的。旅游团成员之间的人际关系发展也理应遵循以上四个阶段。当人们和身边的陌生人聊天时，他们可能谈论一些什么话题呢？日常话题。例如，他们在哪里长大，他们喜欢的球队等。随着彼此之间的相互了解、相互信任，他们开始谈论一些较深层次的东西，如政治观点、宗教信仰等。只有当彼此之间了解得更多的时候，他们才会谈论更为个人的东西，如彼此的健康问题以及人生观、价值观问题。尽管有些人一开始聊天很快便涉及私密的个人信息，但是大部分的沟通都是循序渐进的，并且每次只有很少的递增。

　　沟通中的隐蔽区是一个部分信息能够转化为公开区信息的区域。利用隐蔽区的要点包括：一是沟通者要懂得如何循序渐进地与别人进行交流。二是选择一个能够为沟通双方都容易接受的"信息开放点"，主动开放内心，适时自我暴露。当双方的交流进行了一段时间，"信息开放点"就会慢慢向公开区延伸，从而实现公开区被逐渐放大。当然，为了获得理想的沟通效果，在选择"信息开放点"时要避免过于私人的问题。

　　案例中小张与游友的关系应该属于情感探索阶段。在这一阶段的言语交谈应该都是表面的、轻松的、非批评性的，而不应有自我暴露的倾向。咨询心理学中，自我暴露是指个体与他人交往时，自愿地将自己内心的感受和信息真实地表现出来的过程。当你向他人自我暴露时，你就向他人分享了一部分自我，这样确实会增进彼此间的了解。但是，自我暴露是不是越多越好呢？不是的，自我暴露讲究适时适度。因为自我暴露存在诸如遭受拒绝、迫使他人背负责任、信息互惠期望等风险。当你自我暴露之后，基于对互惠原则的期望，会期待对方也有一定的自我暴露作为回报，这无疑会给他带来压力，甚至可能引起对方的沉默或不适，更严重的话，他在日后会尝试避开你，这会让你更加难受，因此，自我暴露要选择双方都感兴趣的话题。

　　这告诉我们，隐蔽区转化为公开区并不一定是一件好事，人际交往中自我暴露要适时适度、因人因事。人际关系的定向阶段与情感探索阶段，对个人情况有所保留反而是件好事。

50　你是不是遇到了一位蛮不讲理的人？

 **案例**

场景1：

你在旅行社忙碌了半天刚把游客的资料整理好，这时部门经理跑过来，不分青红皂白地对你吼道："你干的什么名堂？这么半天，工作搞得这么糟糕？"你很生气："你为什么总是挑我的刺！你有什么资格对我这样说话！"

场景2：

游客：你讲得不好，我不想听。

导游：那我走好了，你给当导游。

场景3：

俄罗斯游客：我讨厌北京的雾霾，我不喜欢挤北京的地铁，我不喜欢坐这么长时间的车！

中国导游：那下次你就别来中国旅游了！

 相关心理学规律与现象

柏恩的PAC人格结构理论与人际交往相互作用分析理论

加拿大蒙特利尔的精神科医生柏恩在借鉴弗洛伊德个性理论的基础上普遍推广相互作用分析理论，这可以为理解旅游行为提供一个简单方法。

相互作用分析的一个基本概念是自我状态。柏恩把个体的人格结构分为三种"自我状态"：父母自我状态、成人自我状态和儿童自我状态，分别以第一个字母PAC来命名。这三个"自我"分别用权威、理智和感情来支配人的行为。柏恩认为，人类个体是由这三种不同的自我状态组成的，人的个性中这三个不同的"行为决策者"相互独立、相互制约，共同参与决策。不过这三者在每个人的人格结构中所占的比例不同。每个人身上总有一种自我状态占优势，不同的人在不同的情境下会不由自主地选择不同的自我状态。

"父母自我状态（P）"包括从父母或父母形象方面吸收与内化的态度、思想与情感。该自我状态可以细分为严父和慈母两种类型。当一个人的人格结构中严父成分占优势时，他的作为会以权威和优越感为标志，通常表现为统治人的、训斥人的以及其他权威式的作风，甚至有些凭主观印象办事，独断专行，滥用权威。而当一个人的人格结构中慈母成分占优势时，他的行为和语言则会表现出爱护他人、关心他人、宽容慈爱的一面。

"儿童自我状态（C）"包括儿童中典型的以及在成人中偶尔自发的幼稚而缺乏理性的情感、思想和行为。儿童自我又可以分为顺从的儿童自我和任性的儿童自我。顺从的儿童自我状态，表现为服从和任人摆布、好幻想、有好奇心、无主见，遇事畏缩等。顺从的儿童自我是受父母的影响而形成的。在人生最初不能自主的阶段，儿童总是要受到来自环境以及父母的限制和压抑，由于求生的意愿和对他人赞许的渴望以及对外在世界的恐惧，儿童会在家长的要求下，在经历创伤、接受教训以及训练中学会顺应。顺应的儿童自我的特征是缺乏自信、害羞、胆怯、退缩、沮丧、服从。

"成人自我状态（A）"是对父母自我状态和儿童自我状态进行调和的角色，它为父母自我状态中的说教增加了思维的成分，又为儿童自我状态中的幼稚增加了感知的概念，是一个能用理智来支配人行动的"自我"，他就像是一个信息加工器一样，总是不停地综合信息、估计可能性并作出逻辑推理。这与弗洛伊德提出的人格理论中的"自我"概念有相似之处。表3-1是这三种自我状态的表现。

表3-1　三种自我状态的言行特点

状态	细分	作风	音容语调	言语表达	行为举止
父母自我	严父	权威	语速快、严厉命令	应该、你不能、你必须、绝对不可以、让我告诉你怎么做、胡扯、真蠢……	凝视的眼神、叉腰伸指头、指责
	慈母	关爱	柔声抚慰	好啦好啦、小家伙、可怜的东西、让我替你来做、别害怕、试一试……	轻抚头顶、拍肩膀叮嘱备至

续表

状态	细分	作风	音容语调	言语表达	行为举止
成人自我		理智	温和冷静、集中注意	为什么、怎样、有可能、依我看、我看出来了、我个人的想法是……	安然、不激动
儿童自我	任性孩子	无理	激动、高而尖的嗓门	我就要、我不管、我想、太好了、最大……	大声笑、噘嘴、发脾气、撒娇
	好孩子	顺从	无主见、畏缩	我这就去做……	低头谦恭、弯腰点头

一个人心理成熟的一个重要标志就是他的行为决策中成人自我状态起主导作用。当一个人的人格结构中 A 成分占优势时，其行为表现为，待人接物较冷静，慎思明断，尊重别人。这种人讲起话来总是“我个人的想法是……”音容语调不急不慢，适当、温和，注意力集中，紧闭嘴唇强忍痛苦是成人式自我的行为举止表现。

相互作用分析理论把人与人之间的交往剖析为人的三个不同的“自我”之间的交往。在人际交往过程中，通常会出现平行式交往、互补式交往和交叉式交往三种类型。

平行型交往是指信息发送者的人格自我状态与期待和信息反馈者的人格自我状态与期待形成一种平行、平等的交流沟通方式，这符合正常的人际关系，也是人们在交往中期待的交往反应，它可以发生在任何两种自我状态之间。此时，信息的反馈者与信息的发出者具有同样的自我状态。有 AA-AA 式、PP-PP 式、CC-CC 式。这里，成人自我对成人自我的相互作用，则可能采取实质性行动，达成共识，解决问题。

互补型交往是指信息发送者的人格自我状态与期待和信息反馈者的人格自我状态与期待在交往中形成一种互补的交流沟通方式，其实这是一种特殊的平行式交往方式，也是人们在交往中期待的交往反应，它的沟通特点是信息的反馈者一定指向发出者当时的那个自我状态，有 PA-AP 式、AP-PA 式、PC-CP 式、CP-PC 式、AC-CA 式、CA-AC 式。需要注意的是，虽然儿童自我对儿童自我，家长自我对家长自我或者家长自我与儿童自我之间也可能形成互补的相互作用，但是这种相互作用不能解决任何实质性的问题。

交叉式交往是指信息发送者的人格自我状态与期待和反馈者的人格自我状态与期待形成一种交叉的不良的交往方式，这往往不能获得预期的沟通效果，会使交往无法顺畅地进行，甚至有损交往双方的人际关系。如 AA-PC 式、AA-CP 式、PC-PC 式、CP-CP 式等。

那么，当你遇到了交叉型交往状态后，是不是就没有办法与对方继续交流了呢？不是的，通过及时改善人格角色的自我状态，还是可以从交叉型交往方式过渡到平行型（互补型）交往方式的。第一个策略就是及时分析对方的自我状态与期待，并马上确定你自己的自我状态。第二个改善交叉型交往方式的策略是先采用平行型交往缓和矛盾，再以自身的 A 状态激发对方的 A 状态。

解析

对于旅游工作者而言，不论是促成营销还是提供优质服务，了解旅游者在旅游活动和旅游决策的各个阶段主要扮演的自我状态非常重要。

案例中场景 1 的交往模式是 PC-PC，如图 3-6 所示。

图 3-6　PC-PC 交往模式

场景 1 的经理就像是一位严父对孩子说话，员工也当仁不让，反馈也像是严父对孩子一样振振有词，这导致了双方的沟通出现了锋芒。

场景 2 和场景 3 的交往模式都是 CP-CP 式，如图 3-7 所示。

图 3-7　CP-CP 交往模式

场景 2 和场景 3 中的游客说话就像是小孩子一样有些任性和不负责任，他们都期待对方能像妈妈一样满足他们撒娇的心理，但导游没有尊重这种心理需要，反而也像一个任性的小孩一样说话，从而导致了沟通不畅。

如何化解案例中的情况？第一步，双方都需要及时分析对方的自我状态与期待，并马上确定自己的自我状态。场景 1 中对方的自我状态是严父自我，他期待的是顺从的儿童。场景 2 和场景 3 的自我状态是任性儿童自我，他期待的是慈母。第二步，先采用平行型交往缓和矛盾，再以自身的 A 状态激发对方的 A 状态。任何一个在异国他乡的人，都不愿在外招惹是非。因此，当你真遇到了一个蛮不讲理的人时，你应该提醒自己"我遇到了一个不讲理的'人'"还是"我遇到了一个不讲理的'自我'"？答案是后者。这个自我可能是一个自以为是的"父母自我"，也可能是一个感情用事的"儿童自我"。这时，你就应当以恭谦的口吻向对方请教，促使对方用"成人自我"进行思考和对话，这就等于向对方的"成人自我"发出了邀请。只要对方有基本的理智，就应该会从指责、权威、不讲理的言说状态逐渐转变为理性对话，这就说明此时他的"成人自我"状态的比重已经压倒了"儿童自我状态"或过度权威的"父母自我状态"，那么一切沟通都可以顺利进行了。

案例中场景 1 中你的反馈显然只会使沟通更加艰难，因为你没有理性分析经理此时的自我状态。经理此时的自我状态是权威的严父自我状态，此时你最好拿出你的 C 状态诚恳地请教对方："是呀，我也觉得有问题——可是，经理，我该怎么做才好呢？"这种方式首先是含糊地接受了经理的指责，满足了他那盛气凌人的"父母自我状态"，接着又提出了经理要经过思考并需要理智回答的问题，即"怎样做才好？"当经理从颐指气使变得理智时，他会也以 A 状态与你对话，甚至因刚才的无礼而自责。

再来反思上面图示中提到的 CP-CP 式交叉型的场景 2。导游的反馈显然没有经过相关策略性思考，全凭感性与冲动说话。如果遵循柏恩的上述化解策略，导游第一步需先分析对方的自我状态与期待什么。不难看出，游客的自我状态是儿童自我，并期待导游能以父母（慈母）自我状态反馈。导游第二步需要马上改变自己的自我状态为父母（慈母）自我，并期待对方以儿童自我出现，再以自身的 A 状态激发对方的 A 状态。经过上述分析，导游不妨这样反馈：

导游：是呀，当导游难，当个好导游更难，当跨境导游最难。（CP-PC 式）不过，我会尽力去做一个好导游。刚才可能是我没说清，造成了您的理解障碍。请问，哪方面的解说您没听明白？

场景 3 中的导游反馈也缺乏同样的心理素养。如果以交叉型沟通状态的化解策略加以修正，中国导游不妨这样反馈。

中国导游：是呀，路途是有点长，怪受罪的。（CP-PC 式）不过我们中国有一句俗语，"身体和灵魂，总有一个要在路上"，您说，现在我们是哪一个在路上？

当俄罗斯游客回答"身体在路上"之后，他的成人自我状态被激发了起来，理性被唤醒之后，他也定会为自己刚才的鲁莽而自责。

通过上面的分析我们不难得知，PAC 人格理论有助于我们在交往中有意识地觉察自己和对方的心理状态，及时改善交往策略，正确科学地改善人际交往状况，促成沟通双方愉快地交流，从而提高沟通质量。实践证明，对于 PAC 人格理论的深刻理解可以优化人格状态，树立积极处事态度，悦纳他人，提高心理健康水平，改善生活质量。

51 为什么人际交往中的一些行为举止是忌讳的？

 **案例**

王勇在一家旅行社工作，他性格活泼开朗，甚至跟谁都自来熟，可是他有一些小毛病。例如，他爱翘"二郎腿"，爱双手交叉于胸前跟人说话，喜欢脑后仰坐在椅子上与客户交谈；行走时，爱与人并行时，勾肩搭背。在讲到自己时，用手指点自己的鼻尖。在讲到别人时，用手指点别人。有时他还用手指掏鼻孔、剔牙齿、挖耳朵、抓头皮、打哈欠、搔痒痒等。高兴起来放声大笑，面部表情失常。握手时，也用力过猛，长时间紧握不放，甚至伸出双手同时与两人握手。他觉得自己是豪爽之人，认为这样的性格更有利于工作，而客户却对此嗤之以鼻。这是为什么？

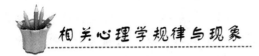 **相关心理学规律与现象**

下意识行为的心理解读

行为是心理的外在表现。有些行为是大脑皮层支配下的有意识活动，而有些行为是大脑边缘系统支配下的无意识活动。不论是有意识行为还是无意识行为，在沟通与交往中都传递着重要的非言语信息。意识行为传递的信息是比较清晰明确的，而下意识行为传递的信息，则需要我们用经验去识别、去理性洞彻。

我们人体中的什么组织负责调节下意识行为呢？以人类大脑的纵剖面来分析，大脑可由内而外分为脑干、边缘系统与大脑皮层三个层次，人们将其命名为分"爬虫类脑"（脑干）、"哺乳动物类脑"（边缘系统）和"人类大脑"（大脑皮层）。每个脑都承担不同的职责，依照功能则可细分为生命中枢、情绪中枢、思考中枢和精神中枢四大部分，如图3-8所示。

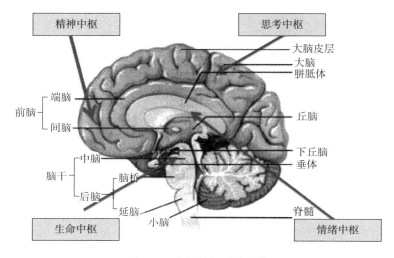

图3-8　中枢神经系统结构

生命中枢，又称爬虫类脑。负责心脏跳动、呼吸等维持基本生命的功能，相当于人类的脑干，叫作生命中枢。情绪中枢，又叫哺乳类脑。情绪脑的神经元环绕并包围、覆盖在脑干上，脑干正好被安放在中空的底部，因此情绪脑也被称为"边缘系统"。当我们因愤怒而吼叫、因恐惧而后退、因喜爱而微笑的时候，正是受到了边缘系统的控制。这个多出来的系统，负责攻击与防御，也就是所谓的"追逐快乐"与"逃避痛苦"，叫作情绪中枢。当哺乳类碰到猎物或怀疑自己即将成为猎物时，情绪中枢就会发出"警戒指令"给生命中枢，生命中枢立刻依指令执行。例如，让心跳加快以便输送更多的血液到四肢，做好攻击或逃命的准备。相对于人类叫作情绪反应。思考中枢，又叫灵长类脑。灵长类的大脑皮层较为发达。大脑皮层是覆盖在边缘系统上的一层皮质，由脑神经细胞排列而成，在刺激与反应之间，快速搜寻记忆以利选择反应方式，这种功能，叫作思考，因此这个部位叫作思考中枢。精神中枢，这是人类得天独厚的脑。人类拥有数量庞大的脑神经细胞，比起其他灵长类动物要多得多，因此单独发展出前额叶脑，称为精神中枢。除了一般的思考之外，精神中枢还可发挥较高层次的思考，如强力思考、独力思考、内省思考、想象思考等。

人的所有行为都是由大脑控制的。其中，由大脑皮层组成的思考中枢与精神中枢是"思考的大脑"，是有意识行为的指挥官；而边缘系统是"情绪的大脑"，也就是下（无）意识行为的指挥官。

大家对"战或逃"（fight or flight）这个短语应该很熟悉吧，它常被用来形容我们在面对威胁或其他危险时的行为反应。可是，它只说对了 2/3，还有一部分没亮相。现实生活中，动物，包括人类，会依照下列顺序来应对各种苦恼和威胁——冻结、逃跑、战斗，这是人类的生存本能。边缘系统就负责这三种生存功能：①冻结反应：过度自控、压抑克制、静止不动；②逃跑反应：保持距离、阻挡行为、愁眉苦脸；③战斗反应：侵犯进攻、威胁恐吓、轻蔑无礼。

设想我们遇到了一头狮子，此时我们最原始的生存机能就会爆发，在"边缘系统"的指令下，我们会先吓呆、僵住不动，如有必要接着则是拔腿就跑，甚至和狮子来一场生死搏斗。我们的边缘反应总会在我们遇到危险时调整我们的行为。几千年来，拥有这些边缘反应能力的人生存了下来，因此，这些行为也像电脑硬件一样植入了我们的神经系统。

其实，身体语言比任何话语都诚实。因为边缘系统对我们周围世界的反应是条件反射式的，是不加考虑的。它对来自环境中的信息所做出的反应也是最真实的。边缘系统从不休息，一直处于"运行"状态。而大脑皮层，即理性大脑，是大脑中最不诚实的部分，因此它也被称为"爱说谎的大脑"。

 解析

案例中提到的一些行为，虽然对于王勇自己而言是无意的，但对于交往者而言，可能会认为这是王勇的情绪反应。在人际交往中，一些行为是非常忌讳的，如面部表情忌讳：绷着脸，表情冷漠；无神乏力，无精打采；双眉紧锁，嘴唇紧咬。这会使对方误认为你处于冻结反应中，当你面对的是一位危险人物时才会有这样的表情。王勇高兴起来放声大笑，面部表情失常也属于遇见紧急情况时的惊吓行为。原始人类面临猎食者的威胁而最终生存下来的一个重要原

因就是，大脑的边缘系统使用了第一防御战略——冻结反应。因为移动会引起注意，很多动物尤其是大多数食肉动物对移动非常敏感，一旦感到威胁时立刻保持静止状态，这是边缘系统为人类提供的最有效的救命方法。所以上述的面部表情在社交中是非常忌讳的。

当威胁逼近，冻结反应不足以消除危险时，边缘系统的第二套方案就是逃走，逃跑反应由此发生。然而，我们毕竟生活在现代世界的城市而不是荒野中，逃跑反应实施起来会困难一些。因此，我们不得不对逃跑反应做出调整。逃跑的行为不再那么明显，但目的是一样的，就是让自己避开或远离那些不安全的人或事。案例中的小张在社交中与人交谈时喜欢叉腰或交叉胳膊于胸前，为什么人们也不喜欢？因为这也是逃跑反应的行为表现。如果现实情况不允许我们远离自己不喜欢的人或物时，我们会怎么办？我们可能会下意识地用手臂或其他事物为自己筑起一道壁垒。例如，交谈中的商人可能会突然系上夹克的扣子，这可能不是因为他感到冷了，而是因为谈话让他感到不适，通常谈话结束后，他还会重新解开扣子。这样看来，有"双手交叉于胸前"习惯的人有必要改改了，因为这会给别人留下"你很牛、很傲慢"的印象，这道壁垒的存在传达了这样一个信息：对方是令你感到不愉快的人，你不太想接近别人，想逃跑。

社交中要避免"二郎腿"，尤其是脚尖对着他人频繁地抖动；要避免手指指人、避免叉开双腿以及叉腰？因为这些都是战斗反应啊。当一个人遇到危险且冻结反应和逃跑反应都不奏效时，他就只剩最后一个选择了，那就是战斗。现代人类参与肉搏的机会少之又少，但是，战斗仍旧是我们边缘系统的一部分。即便没有身体接触，你也会不自觉地使用叉腰、怒目这些由边缘系统支配的下意识行为进行进攻。

当看到一个人做出上述动作时，你要停下来并问一问自己："他为什么会这样做？"肯定是遇到了令他心神不安的事情。而你接下来要做的事情就是做一名非言语情报的收集者，收集自己或者环境中出现的可能的危险因素，从而指导自己的后续沟通行为。而更多的时候，我们会将人们的一些习惯行为视为下意识行为，混淆了意识行为与下意识行为。

52 如何处理你们关于旅游险的意见分歧？

案 例

导游正在与游客讨论旅游险的问题，就某个问题与游客存在意见分歧。彼此争论激烈，但他们都相信自己的观点是正确的，在争论结束时，导游说："你肯定对购买旅游保险的认识是错的！"游客："我确实对这个不感兴趣。与其买旅游险，不如存起钱买些旅游纪念品。"游客："做人不要固执，为什么要死死抱着错误的东西当真理呢。我不相信说服不了你，我们找时间再讨论！"游客怒走。

相关心理学规律与现象

自我概念；形象管理

我们可能听过"保全面子""给足面子"的说法，它意味着避免尴尬和维护尊严。我们为什么不愿意在社会交往中陷入尴尬的状态？因为这会与我们理想中的自我概念相抵触，所以我们要维护面子。人与人之间需要保全面子。

自我概念就是一个人对自身存在的相对稳定的体验。但是，人们对自己的体验往往很难做到客观和准确。有时，人们的自我评价过高，我们会评价此类人"自我概念高""太过自尊"；有时，人们的自我评价又会过低，我们会评价此类人"自我概念低"或"自尊心不足"。

人生下来就有高自我形象或低自我形象吗？不是的，自我概念的形成更多是在后天的交往过程中完成的，当自己对"自我"进行审视时，便有了自我价值感。

自我概念由社会比较、反映评价、自我感觉三部分构成。为什么学校里的成绩排名、单位里的末位淘汰排名会伤害一些学生和员工的自尊呢？因为在生活和工作中，人们往往通过与他人的比较来衡量自己，形成自我概念。

形成自我概念的第二种方式是通过别人的反映评价，即从他人那里得到的有关自己的信息。如果这种评价是否定的，你的自我概念就可能感到很糟糕。例如，领导对员工说："你行，你一定能完成这个任务。你有这个天赋！我相信你！"这位员工听了以后一定会以竭尽全力工作为回应。如果这位领导对员工说"这个任务你试试看吧，办成最好，要是能力有限办不成也不要自责！"你可能会对此消极起来，反正自己不行，懒惰一点也无所谓。

在你成长的某一时刻，你是否突然发现，你开始用你自己的方式来看待自己，而不那么在乎别人是如何看待你的？这就是通过自我感觉的方式来形成自我概念的。

哪一种方式是你自我概念形成的主要方式呢？心理学家通过实验发现，不是每个人对自我的知觉方式都一样，通常会有两种情况："内在自我觉知"与"公众自我觉知"。内在自我觉知，对应于高自我的说法，这类人更在意自己的感受，常常会夸大自己的情感反应，坚持自己的行为标准与信念，不易受外界环境的影响。他们的生活信条是"活在当下"，他们的口号是，"你想看到的就是你所看到的"。他们可能更真实率直。

公众自我觉知，对应于低自我的说法，这类人对自己的外在方面比较在意，害怕别人评价自己，担心他人对自己有不好的评价，因此也常会感到自尊感低落，容易在理想自我和现实自我中产生距离，行动也更看重外在的行为准则。他们的口号是，"你所看到的就是我想让你看到的"。中国人大多如此。

平衡型的自我觉知人是介于"内在自我"和"公众自我"之间的，他们既清楚自我的追求和主张，同时又能迎合环境的需求适时屈身，能够很好地保持自我与外界的平衡。

不管通过何种形式形成了稳定的自我概念之后，人们都会在社交活动中管理它，使其不被破坏。每个人都很希望给别人留下很好的第一印象，许多人都会尝试展现自己真实的形象，并且根据这种自我形象来调整自己的行为，这就是"做回你自己"，这个过程就是自我形象管理的过程。

解析

我们每个人都有一个理想的自我形象，它符合我们希望他人对我们的看法，我们在日常生活中的许多行为，也大多是为了保持这种良好的形象。例如，你可能希望别人把你看成是聪明、有能力的人，而你也会尽力表现得聪明和有能力，并且避免那些可能让人觉得你无知和无能的行为。在人际交往中，你是否注意到了维护对方的良好的自我概念呢？

案例中导游的言语表现在社会交往中是绝对不允许的，此外，像"你错了！""你怎么这么偏执！""根本不是这么回事儿！"这些反馈直接否定了对方，使对方很尴尬，因为他们无视对方的自我概念，这样的反馈其附加意义是："你说的都是谬论，你太无知了！"你也许赢的是理，但输的是情，伤的是人。案例中的导游可以这样反馈："尽管我们彼此没有同意对方的观点，但我从你那里还是学到了许多。"这样，导游捍卫了对方说话的权利，正是极力维护对方良好自我概念的良好素养表现。

每个人心中都有关于自己的自我概念。在人际交往中，如果能够抱着赏识的心态与胸怀，表现出真诚、热情、尊重、关心、喜欢和接纳，即使当对方叙述某些可耻的感受时，也不表示冷漠或鄙视，而是极力从中发现真善美的一面，这就等于帮助对方建立起一个积极的自我概念，并使对方潜在的良好的自我概念得以实现，这将直接促成对方采取正向行为和积极正面的沟通态度。

53　为什么上千人排队摸霍去病雕塑去祈福？

案例

曾经霸气侧漏、"笑谈渴饮匈奴血"的霍去病绝对不会想到，两千年后，在甘肃兰州，每天都会有一批批慕名而来的人排着队，只为在其雕像前抚摸铭牌上的"去病"二字，祈祷祛病消灾、身体健康（见图 3-9）。与此形成鲜明对比的是，名字和霍去病寓意相近的辛弃疾的"待遇"却远远比不上霍去病，辛弃疾故居景区一直冷冷清清。

事实上，公元前 117 年霍去病就去世了，年仅 24 岁，暴病而亡。而据《汉武帝与茂陵》记载，霍去病之所以叫去病是因为他还没取名的时候，有一次他娘把他带进宫找卫子夫，当时汉武帝病了很久，小朋友看到大家都非常安静被吓到了突然就哭了，结果把汉武帝惊了一下，出了汗，病好了一大半，所以汉武帝给他赐名去病。

与此类似的还有，参观北京故宫，导游常常带着游客摸门钉，盼望带来好运。参观北京白云观，也常有游客在新春时摸石猴祈福。有些人甚至因为盲目祈福而危害到了他人生命安全。2017 年 6 月 27 日，一班由上海浦东国际机场出港的航班，在登机时由于一名老年乘客往发动机扔硬币，结果导致航班延误。所有乘客下飞机，机场重新对飞机作安全检查。据悉，70 多岁的女乘客方某，因是第一次搭乘飞机，听说丢硬币可以祈求平安，于是在登机时朝飞机方向投掷硬币。

图 3-9　游客排队摸霍去病雕塑

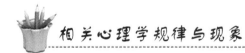
相关心理学规律与现象

祈福心理，心理防御机制——移情

随着时间的演变，人们在社会实践中对福的追求衍生出了一种福文化，并且通过各种传统习俗、仪式、礼仪等文化符号表现出来。关于"福文化"学者没有形成统一定义。有学者认为福文化是中国人非常重要而普遍的崇拜象征和文化符号，这可能源于人们趋吉避难的文化心理，这种说法与古人推崇的"无祸就是福""祸福相依"相契合。福文化是一种选择性保留的文化，通过文字、语言等形式不断继承和发展。还有学者认为福文化的孕育发生凝结着人类不断变化的历史经验、心理经验和情感能量，是人们愿望在现实社会中的镜像，在福文化背后能找到与之相适应的社会生活方式。福文化是一种抽象的概念，但通过一些有形的活动可以表现出来。消费者对福和福文化的追求会产生祈福消费行为，有学者研究过祈福消费行为的动机，Sheth-Newman-Gross 的消费价值理论提出，祈福消费动机包括习惯型、交际型、契约型、应景型、缅怀型、认知型和功能型七种。

祈福心理也是一种心理防御机制。移情是将对某个对象的情感、欲望或态度转移到另一个较为安全的对象上，而后者完全成为前者的替代物。通常是把对强者的情绪、欲望转移到弱者或者安全者身上，以减轻自己心理上的焦虑。

 **解 析**

霍去病被游客青睐，但他其实早逝；辛弃疾名字不好理解就没人去盘；硬币虽小，但如果被吸入发动机中，很可能造成发动机损坏，进而引发空难事故。老太太往飞机发动机投硬币求的是平安，怎知此举很可能危及全机人员的生命安全。可见案例中提到的祈福习惯实在是经不起推敲。对于上面这些"中国式祈福"，中华民族的民俗传统需要被传承和发扬，盼望自己身体健康、长命百岁也是人之常情，无可厚非，但养生自有其科学的方法，我们不能盲目而迷信地将祈求多福多寿寄托于摸一摸"去病""弃疾"和撒硬币之上。

事实上，祈福是一件神圣而庄严的事情，寄托着人们对美好生活的期盼，但在互联网时代消费者对祈福缺少真正的体验，对传统文化缺乏敬畏感，甚至与迷信成分相混淆。案例中提到的摸霍去病名字的祈福行为，客观上来讲，疾病确实没有减少，但是消费者通过这种信仰可以把内在的压力释放出来，让信仰弥补心理的空缺，给生活提供新的支撑点。但是，这种消灾祛病的祈福心理逻辑是值得商榷的，如果女生想要美白，都要去盘一盘李白；想成家又买不起房，就得赶快去摸摸白居易；要想无病无灾过一生，那曹无伤和辛弃疾还能跑得了？但事实上，辛弃疾故居内冷冷清清，并没有把"弃疾"俩字和祛病消灾联系起来，究其原因，就是"弃疾"这个词太高深了，没有"去病"好懂。

消费者购买祈福产品进行祈福，主要目的是期望获得心理安慰，部分消费者注重祈福中的体验感、仪式感。这种消费心理更加关注产品的心理价值而非实物价值。消费者非常重视产品的象征意义，当其符合消费者情感诉求时，产品价值远远大于实物价值，比如菩萨挂饰满足了消费者期望菩萨保佑平安的情感诉求。当然，我们更提倡文明理性的祈福方式。比如从 2016 年春节开始，支付宝开启"集五福"的线上互动小游戏，用户集齐爱国福、敬业福、友善福、富强福、和谐福就可参与瓜分亿元红包，2019 年吸引 4.5 亿人集福、送福，老人写福、小辈扫福成为过年的"新习俗"。福文化似乎开始以一种新的形式出现在大众视野，借助互联网走出了独特的"互联网+文化"的传播途径。一些文化载体寄托着消费者对福的美好期盼，能够激发消费者良好的文化情怀和文化敬畏。

54 怎样充分发挥景点提示语的期望效应？

 案例

下面是张同学杭州之行所见的景点提示语，你能感受到提示语的信息发送者对你的良好期待吗？哪些提示语会促进你更加关注自己的文明言行，从而营造高雅的社会文明环境？

A 提示语：（浙江省博物馆内）禁止喧哗，不许打闹。

B 提示语：（杭州图书馆阅览室里）报刊不得带出，违者罚款。

C 提示语：（杭州蹦床主题公园里）禁止攀折花木，不许乱扔垃圾。

D 提示语：（杭州太子湾公园里）除了记忆什么也不带走，除了脚印什么也别留下。

E 提示语：（杭州银泰百货商场里）请勿吸烟。

F 提示语：（杭州大剧院）剧场请关机。

 相关心理学规律与现象

期望效应

期望效应又叫"皮格马利翁效应"，也叫"罗森塔尔效应"，是指期望会变成现实。皮格马利翁是希腊神话中的塞浦路斯王，他爱上自己雕刻的大理石少女雕像，感动了爱神阿弗洛狄忒，爱神赋予雕像生命，两人最终结为夫妻。美

国哈佛大学的著名心理学家罗森塔尔曾经做过一个教育效应的实验。他把一群小老鼠一分为二，把其中的一小群（A 群）交给一个实验员说："这一群老鼠是属于特别聪明的一类，请你来训练。"他把另一群（B 群）老鼠交给另外一名实验员，告诉他这是智力普通的老鼠。两个实验员分别对这两群老鼠进行训练。一段时间后，罗森塔尔教授对这两群老鼠进行测试，测试的方法是让老鼠穿越迷宫，结果表明，A 群老鼠比 B 群老鼠聪明才智得多，都先跑出去了。其实，罗森塔尔教授对这两群老鼠的分组是随机的，他自己也根本不知道哪只老鼠更聪明。当实验员认为这群老鼠特别聪明时，他就用对待聪明老鼠的方法进行训练，结果，这些老鼠真的成了聪明的老鼠；反之，另外那个实验员用对待笨老鼠的办法训练，也就把老鼠训练成了不聪明的老鼠。

罗森塔尔教授立刻把这个实验扩展到人的身上。1968 年他和雅各布森（A. L. Jacobson）教授带着一个实验小组走进一所普通的小学，学期初几位教育专家给几个班的学生做了智力测验，然后从中随机抽出一部分学生，在学生和老师才不知情的情况下，专家假说这些学生的智力测验分很高，很聪明，当然事实并非如此。结果到学期结束时，他们的成绩普遍提高了。造成这种现象的原因有很多，但是期望效应在其中起着重要的作用，老师认为这些学生是聪明的，这些学生也认为自己是有潜力的，无论是老师对自己，还是自己对自己都充满了良好的期待，结果他们就真的学习越来越好了，期望也变成了现实。

解析

期望效应在旅游活动中也是适用的。在服务工作中，如果工作人员期待消费者是文明的、讲道理的，就会在语气、表情、举行上表现出对他们的认可，消费者在服务者良好态度下获得了认可、尊重，会尽力达到对方的期待，形成良性互动，最终消费者也就真正成为如我们期待的那样积极文明文雅了。

案例中的提示语都是单向言语沟通，单向沟通指的是交流现场只有一人（或一方）在说。单向沟通能不能因为当下不需要对方的反馈，就可以目中无人、自言自语？当然不可以，即使是单向沟通，也需要无时无刻地与听众达成情感上的交流与默契。因为这些提示语一经发出，发出者就渴望得到人们的承认与维护。如果无视接收者的反应单方面地言说，台上还没有"白"完，台下已经就"拜拜"了。也就是说，单向沟通也是一种隐性对话，听众的各种反应就是在和演说者进行交流，这种对话可能要比显性对话还要难。它需要察言观色、激情诱兴。能否让听众认同你的提示，是一种征服与逃逸的对垒。因此，措辞上也需要保持言语发送者自身的良好形象和对言语接受者的充分认可以及良好期待。

案例实际上考察的是管理者一方潜意识中是否具备谦虚、尊重等良好的品质。选项A、B和C、E、F似乎把自身扮演成一个权威者，有着强势话语权，可以对人们指手画脚，所给的提示语是一种冷冰冰、硬邦邦的警告。这无形中就拉远了与听者的距离。更糟糕的是，所有看到这些提示语的人会觉得自己被怀疑属于这些反面人物，是一个需要被管理、被斥责的人，最初的信任就没不会建立起来，更不用说遵守这些言语要求了。如果我们换一种形象出现，以正面的、积极的言语来做提示，效果可能就大不一样了。例如，选项A的提示语可以改成"小声说话，静静行走——做现代文明人"，选项B可以改为"把你的随身物品带走，报刊还是留在这里吧"，C可以改为"比起双手的采摘，我更渴望您关注的目光"，E改为"感谢您不吸烟"，F改为"关机是一种美德"。此时，你感受到对方对你的良好期待了吗？

第四篇

营销与经营

"不患人之不己知，患不知人也。"从事旅游经营活动的企业要想在激烈的市场竞争中求得生存和发展，就必须有正确的市场经营策略，而这些策略必须是建立在分析和研究消费心理和购买行为的基础上的。为此，旅游企业的营销与经营活动不仅要适应消费者的心理要求、心理特征和心理倾向，还要努力去影响并激发消费者的心理需求、购买动机和购买行为，使企业形象、产品、服务更好地让消费者接受和满意，使旅游企业在激烈的市场竞争中取得优势，从而推动整个旅游市场和旅游业的繁荣发展。

55 心理旅游与普通旅游有什么不同？

案例

小王每年都会利用年假旅游，由于工作繁忙，每年的旅游景点他都会选择非常舒适的地方，如海边、沙滩。可是放松完那几天，一回到工作岗位，却毫无身心放松精力充沛的感觉，反而感到"上班综合症"更严重了。今年休假，小王报名参加了心理旅游团。与普通旅游不同的是，所有的旅游活动项目必须集体完成。以爬山比赛为例，以各组最后一人到达山顶的时间计为该组成绩。这样，大家会自觉地互帮互助，被关心的人有感激心情，给予关心的人有助人心态，相互之间就会有良好的交流和沟通。此外，旅途中还会穿插一些心理游戏，心理专家会为大家梳理情绪。比如参观草堂时，团员们围坐一起，沏上一杯茶，以第三人称讲出自己的问题和感受。专家不会做出是非判定，但会帮助团员总结其行程中的表现，进行提示和疏导，有时还会讲解一些社交技巧。

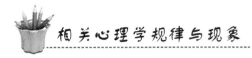

相关心理学规律与现象

心理旅游

心理旅游是将专业心理咨询服务与旅游活动相结合的市场行为。即旅游者在心理咨询师的指导下，通过一系列活动，放松身心、宣泄情绪，实现心理互动，满足心理需要，以实现旅游者的心理咨询与治疗的过程。

在心理旅游消费中，涉及人的因素包括消费者和心理旅游服务提供者。心理旅游消费关系的复杂性表现在：一方面，与传统的旅游消费相比，心理旅游消费不仅增加了心理咨询服务提供者，而且在消费过程中，旅游服务从属于消费者的心理健康需求。例如，制订旅游计划时，旅游线路设计、旅游目的地选择要适合心理咨询服务的开展。另一方面，与传统的心理健康消费相比，心理旅游消费不仅增加了旅游服务提供者，而且在消费过程中，心理咨询服务提供者与消费者之间的关系发生了较大的改变，如全程陪伴、较短时间间隔的持续咨询服务以及工作同盟关系之外的人际沟通等。

解 析

目前，我国心理旅游市场尚处于初级阶段。现代人工作压力大，经常感到累，实际上不是体力透支，而是不会休息。国庆长假，有些白领人士觉得平时工作太累了，选择打牌、听音乐、看电视等看似很放松的休闲方式，还有人干脆睡上好几天的觉，实际上这些并不是科学的休息方式，为什么？原来，白领人士的疲惫大多属于脑力疲惫或者心理疲惫，并非体力疲惫，体力上的休息并不能缓解这些人的疲惫感。心理旅游是用来做心理康复的，可以带来深度的放松，调整好精神状态，真正解决脑力疲惫和心理烦累的问题。

当个体遭遇创伤性事件时，如自然灾害、亲人意外亡故、危及生命的身体疾患等，会导致当事人产生急性心理应激反应。而持久的生活压力、长期的高强度作业、长期的财政困难、长期受暴力威胁、持久而稳定的疾病、慢性疼痛、职业变动或职业竞争、退休、人际关系困难等，会导致当事人产生慢性应激反应。相应的情绪表现为焦虑、恐惧、抑郁以及愤怒等负性情绪体验，此时个体的消极思维会被激活，这种思维方式会影响其对创伤性事件及该事件导致的结局的认知评价，进而出现回避、逃避、退化与依赖、敌对与攻击等适应不良行为，以致其心理健康受损。

旅游+心理咨询模式打破了传统咨询手段，是一种旅游、休闲、购物和心理疏导、集体咨询、团体训练等融为一体、互为补充的团体活动，在活动的整个过程中，团体成员的每个个体彼此相互融合、互为依靠、充分认识到集体的力量，从而更加认清自我、提高自我，最终达到自我成长的目的。在旅游过程中走进大自然和自然进行亲密接触时，他们更容易放飞自我，展示最真实的一面。例如，可以对着大海高山喊出自己的心里话、宣泄自己心中郁闷已久的情绪，毫无顾忌、毫无保留地把他们的不良情绪完完全全地释放出来，使自己的情绪在大自然熏陶和专业心理咨询师的引领下得到改善，从而提高自己的心理健康水平。

56　我们去旅行，是去看"新的地方"　　　还是用"新的眼光"？

案 例

下面的一则旅游广告词能否激发起你内在的旅游动机？

我们去旅行，

紧跟时代发展的步伐。

我们去旅行，

对得起我们这几年的奋斗历程。

我们去旅行，

因为我们有实力。

我们去旅行，

是为了寻找更好的答案。

来一次真正探索的旅程，

去看看新的地方……

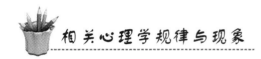

相关心理学规律与现象

内部动机与外部动机

动机是行为的出发点。从动机的激发部位来看，可以把动机分为内部动机与外部动机。例如，老师课堂上的开场白可以分为以下两种：一种是"同学们，今天我们学习旅游动机的相关内容，因为今后我们将在工作中遇到如何激发人们做事的问题"；另一种是"今天要学习旅游动机的相关内容，大家注意听，因为明天我们要进行相关内容的测验"。作为学生，更喜欢哪一种表述呢？显然，第一句话激发的动机行为指向是"我要学"，而第二句激发的动机行为指向是"要我学"。第一句更能激发学生听课的内在动机，从而促使学生产生一种探索知识奥妙的内在冲动，而第二句激发的学习行为更多地只能靠外在的分数、评价来维持。一旦没有了外在评价，学生学习的主动性就会大幅降低。这就是内在动机与外在动机对行为激发的区别所在。

个体由于内心渴望成功完成任务，仅仅是为了活动而去活动，这时的行为就是内部动机驱使的。它不需要外界的诱因、惩罚来使行动指向目标，因为行动本身就是一种动力。个体受到外部结果的激发，产生了为实现某种目标而去参加活动的动机，此时的行为就是外部动机作用下的行为。例如，如果给服装厂生产线上的工人提供额外的金钱激励，他们就会努力生产出更多的产品。在这种情况下，对于计件工来说，并不是做衣服的过程激发了他们的动机，而是因为可以得到额外的钱。

解析

如果教育行为屈从于应付考试，把受教育者看成是有待于评分、分等级、分类和贴标签的人，而忘记了他是一个需要全面培养和发展的人，学生的学习行为就是外部动机激发下的行为。钱学森之问"为什么我国的教育培养不出杰出人才"，直指这样的教育行为的问题之所在。

旅游广告词的设计亦同理。这则旅游广告更侧重于外在动机的激发。"紧跟时代发展的步伐""对得起我们""我们有实力"这些表述无不传达着旅游行为的发生是出于外部因素的激发，而非内心的渴望。现实中，一些游客为了买玉石纪念品馈赠亲朋而去旅游，为了获得考古资料以撰写论文而去参观秦始皇兵马俑等行为，其旅游动机都属于外部动机类型。而人们内心深处对旅游的渴望，需要内在动机的激发，激发的行为是"为了旅游而去旅游"。那些徒步旅行者、自驾游者、有探险动机的旅游者，更多的是凭借内部动机从事旅游活动，有了兴趣之后才能变成乐趣，最后升华为志趣。兴趣是你对这件事情是否有感觉，是否想去做，可以在做的过程中产生做事的冲动感；乐趣是你能去做，并把它做好，在做的过程中产生快乐感；志趣是你不仅能把它做好，还能把它做得最好，在做的过程中产生成就感，并为之努力和奋斗。例如，航海家郭川从2012年起开启了"单人不间断帆船环球航行之旅"，经历了海上近138天、超过21600海里的艰苦航行，于2013年4月5日驾驶"青岛号"帆船荣归母港青岛，成为第一个成就单人不间断环球航行伟业的中国人，同时创造了国际帆联认可的40英尺级帆船单人不间断环球航行世界纪录。郭川的海上旅游行为不仅仅是兴趣乐趣，而是已经升华为志趣，这就是由内部动机激发出来的。

所以，孔子说："知之者不如好之者，好之者不如乐之者。"能不能激发起人们去旅游的内部动机，就要看营销者能否找到人们的兴趣点并有效激趣。不可否认的是，大多数旅游者的旅游行为是受内部动机和外部动机交互影响的，图"零团费"便宜而去旅游的人也不在少数，但最富生命力的行为仍然是内部动机驱使下的行为。《礼记·学记》中有一句话，"善歌者使人继其声"，说的是真正善于唱歌的人，会使人不自觉地跟着他的歌声。旅游企业的工作艺术与营销效果就在于如何认识、控制和调节这些内部心理因素，使人们的内心始终充满热情的旅游动机，成为真正的善歌者，而不是仅仅靠外在的诱因甚至诈骗来维持企业的生命。

目前，我国大多数旅游者已完成从观光型游客向休闲型游客的转变。游客更关注旅游能给自己带来多少愉悦与感动，而非去了多少个地方。面对不同的旅游心态，旅游企业该如何有效激发人们的旅游动机呢？有旅游工作人员这样改编了案例中的广告词：

我们去旅行，

最初是想迷失自我，

最终是要找到自我。

我们去旅行，开阔眼界，敞开心扉，

去了解这个不能仅仅从报纸上了解到的世界。

我们去旅行，

使自己返老还童，

让时间放缓它的脚步。

我们去旅行，

是为了找寻更好的问题。

真正探索的旅程，

并不是去看新的地方，

而是用新的眼光……

57 为什么有人说旅游业正在经历信任危机?

 **案例**

　　五一假期，旅游市场再度火爆。42岁的吴女士和老公利用年休假加五一假期，报了一个"零团费"的港澳游。没想到，旅行社为了让他们购物，扣了他们的身份证，使购物变得有些强迫。"我们被带到一些购物店内，买了一万多元的电器、首饰等物品。回来后发现电器都不能用，最后干脆找旅行社把所购物品全都退了回去。虽然拿到了退款，但是损失了5%的手续费，大概有五六百元。……贪图便宜，结果花了不少钱买了些没用的东西，当初不如选个价格合理的品质团了。"购物过程中的"强迫"让旅游变了味儿，此经历让夫妻俩很是憋屈。

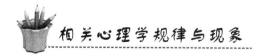 **相关心理学规律与现象**

内部动机与外部动机的转换问题

心理学家在内部动机与外部动机的关系方面探讨了以下几个问题：

第一，在什么情况下激发人们的外部动机合适呢？结论是：当人们表现出他们体验不到兴趣和快乐时使用外部奖励。因为在有实际兴趣的情况下，使用外部奖励会导致成就感降低。

第二，内部动机可以转换为外部动机吗？在回答这个问题之前，我们先思考这样一个问题，若孩子出于对学习本身的热爱考了 100 分，家长还需给予物质奖励吗？此时的奖励是多余的，甚至是负面的，因为家长已经在无意识中将"孩子主动学习的内部动机"转换成"为了得到奖励才去学习的外部动机"。这会在无形中降低孩子对学习的成就感、热爱感和趣味性。当奖励明显减少时，学习行为的主动性就会降低，甚至学习行为会消退。在道德行为的习得方面亦同理。Z. 昆达和 S. H. 施瓦茨曾在 1983 年的研究中表明，因帮助他人而获得金钱报酬的儿童与未获金钱报酬的儿童相比，后者表现出更强的道德责任感。所以对于这个问题，心理学家的结论是：内部动机可以转换为外部动机。因从事愉快工作而获得外部奖赏，会使内在动机向外部动机转化，但防止从事某种活动的外部威胁却会增强内在动机。

第三，外部动机可以转换为内部动机吗？在回答这个问题前，我们不妨思考这样一个事件。如果妻子仅仅靠批评或赞扬等外在强化促使丈夫做换尿布这件事的话，那么这可能始终是一件不愉快的事情，怎样使丈夫的换尿布行为变得自觉自愿呢？聪明的妻子可能会讲一些卫生学、健康学等方面的知识，得到丈夫认同，那么丈夫此时的换尿布行为将会变得自觉自愿。心理学家把这种认同了的外在动机称为"内化动机"，这就是外部动机试图向内在动机转换的一种中间状态。

综上所述，内部动机和外部动机是可以相互转化的，转换过程如图 4-1 所示。

外部激励
内 ⟶ 外

认同
外 ⟶ 内

图 4-1 内部动机与外部动机的转换过程

 解析

羊毛出在羊身上，低价团的成本和利润必然会通过其他途径回收。一些"零团费"的旅游团，其实只供 32~55 岁年龄段的人士享受，其他年龄至少要

收 3000 元。说白了就是购物团，限定年龄是为了确保购买力。可见，所谓的"零团费"旅游就是借着旅游的幌子，纯属购物团。

在这样的随团旅游中，当导游告诉游客，"好多游玩项目都是自费的"，游客就会一下子从享受旅游的美好梦境中回到了现实，心情仿佛从天堂跌到了地狱。此时掏钱进行的游玩行为就是外部动机促使下的不得已行为，旅游行为从原来的"我要玩"一下子转变成了"要我玩"。此时，游客对活动本身的乐趣无形中减少了。这就是游客总是抱怨"看景不如听景""旅游业出现信任危机"的心理原因。例如，一些有体育明星参加的比赛，当有了商家的资助，使比赛变成一种商业表演时，奔跑已不是为了跑得快，不是对奔跑这件事本身充满了乐趣，而是为了奔跑以外的事情，这就是外部动机支配下的行为。

那么营销者应该在什么情况下激发游客的外部动机才合适呢？根据心理学研究成果，我们的结论是：当旅游者表现出他们体验不到兴趣和快乐时，才使用外部奖励，如打折、买一送一。而游客在有实际兴趣的情况下，使用外部奖励就会导致成就感降低。对一个有强烈旅游愿望的人来说，如为了探险去南极旅游、为了体验失重的感觉从事翼装飞行旅游，如果去激发其外部动机，以打折、赠送等手段作为奖励，实际上会贬低这些自我挑战行为的价值。

58 阈下知觉广告仅仅是为省钱吗？

案例

在大量夺人眼球、鲜艳醒目的传统广告充斥大小媒体的时代，阈下知觉广告悄悄地进入了广告界。电影《泰囧》的热映，游客开始争先恐后地去身临其境地感受电影情节里的"囧人囧事"。于是，一些地方旅游部门争相参与一些热门影片的策划，在片中植入当地标志性景点，更有财大气粗的地方政府干脆拿出"打造城市名片"的气魄投资拍摄影视作品，指望文化搭台、经济唱戏，但效果却常常令人大失所望，那些用心良苦的植入被观众当成空气视而不见。在消费者审美疲劳的今天，旅游广告的发展该何去何从？

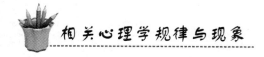

相关心理学规律与现象

感觉阈限；阈下知觉广告

人与人之间或不同物种之间的感受器的感受能力是不同的。同一个声音，在山区里长大的人可能听得见，在闹市中长大的人可能听不见；同一个声音，人听不见，狗也许听得见。这就是感受性的不同。心理学中把感觉器官对适宜刺激的感觉能力称为感受性，也可以这样表述——感受性是感觉器官对适宜刺激的敏感程度。例如，听觉的感受性会随着年龄不同发生变化。在小于20岁时，随年龄增高，听觉感受性也会逐渐增高。在60岁后，随年龄的增高，听觉感受性又呈现下降趋势。

如何度量这种感受性的高低变化呢？心理学家用"感觉阈限"这个术语来度量。感觉阈限是指刚刚能引起感觉的最小刺激强度。例如，人耳的听觉范围是20～20000赫兹，狗耳的听觉范围是15～50000赫兹，谁的感觉阈限值低？当然是狗的。狗感觉阈限值低，则说明狗的感受性高；反之亦然。如果怎么打你，你都不疼，说明你的感受性太低了，感觉阈限值太高了。因此，感受性与感觉阈限成反比。

感觉阈限之上的信息与之下的信息哪一个更容易被人们获得呢？当然是感觉阈限之上的信息。但是，对于阈限以下的刺激人们是不是一点信息也获得不到呢？答案是否定的。心理学研究发现，阈限以下的信息也可以得到一定程度的加工。阈下知觉广告就是在消费者没有意识到的情况下将产品图片、品牌名称或其他营销刺激物呈现给他们的一种技巧。也就是把广告中的某种刺激设置到感觉阈限以下来实施，在其他媒体背景上呈现极微弱或极短暂的广告信息。1957年美国的一个电影院，播放的电影胶片被处理过，加入了"请喝可口可乐""请吃爆米花"的广告语，只是这两条广告信息播放的时间是3/1000秒，速度非常快，以至于人们根本就没有觉察到，但是比较实验前后电影院周围的可乐和爆米花销量，人们惊奇地发现：爆米花销售量上升了58%，可口可乐销售量上升了18%。

 **解析**

美国有关资料表明，消费者72%的购买行为是受朦胧欲望所支配的，只有28%的购买行为是受显现需要制约的。利用潜意识进行广告营销成为许多广告人的一种策略，其目的是让消费者轻松地接受广告信息，并激发他们内心深处潜在的需要。

案例说明，感觉阈限以下的信息也能达到说服的目的，从而可以作为广告诉求的手段。如电视剧影片结束曲之时，也是人们意犹未尽之时，可以将影片场景与旅游广告相结合。而传统广告与阈下知觉广告相比，有什么弊端呢？传统广告总是需要人们投入较多精力去倾听、去阅读，于是人们在接受信息时，常常按"认知最省力原则"设法避开，只有避开才能尽量减少自己的心理能量消耗。而阈限广告的营销者只希望消费者在阈限以下水平对信息进行加工，避免了消费者对传统广告侵入式营销的反感，减轻了人们的认知负荷，让人们不知不觉地接受了广告信息，从而达到"随风潜入夜，润物细无声"的效果。所以商家不仅要考虑如何精简广告信息，而且要考虑如何让人们轻松地接受广告信息。

阈下知觉广告与嵌入式广告、植入式广告还是有区别的。植入营销的最高境界就是价值植入。它植入的不是产品和品牌，而是一种价值，通过价值的渗透，宣扬在其文化背景下的产品和产品所致力的终极理念。《阿甘正传》中耐克鞋子植入就是价值植入的典范。致力于执着、奔跑、坚持的理念和电影的核心主题完全一致。而阿甘在里面一直跑一直跑，似乎就是耐克的广告片，但相信所有人都不会这样想，因为产品和电影艺术形象在核心价值观上已经完全融合了！近年来，影视行业迅速发展，越来越多的广告商开始打影视的主意，通过影视节目来达到做宣传、打广告的目的。嵌入式广告就是广告商在影视作品中利用阈下知觉的原理做广告的最主要应用手段。其中最常见的方法是，在电影或电视剧中，常常会有商品直接嵌入画面的情况，并且这些商品在画面中的位置很突出。在这种情况下，其实并没有什么东西被真正地"隐藏"起来，视觉的呈现绝对在观众的视觉阈限以上，只是在此过程当中，观众关注的是故事情节，而不是这些本应引起注意的背景商品。也就是说，是观众自己把这些商品给"隐藏"起来了，视而不见。

这种情况出现的次数很多，如某年的春节晚会上，朱军和冯巩表演的情景相声《笑谈人生》中，两人喝的啤酒一直是"喜力啤酒"；又如电影《天下无贼》中，葛优带领的那群贼在候车室假扮成旅游团观光，手里举的小旗子拉近一看，上面三个好大的字——"淘宝网"。当然，阈下知觉广告并不是十全十美的，尤其是作为一个新兴的广告方式，它也必然存在其缺陷，主要表现在以下几个方面：

阈下知觉广告如果一旦被发现或者说被意识到，则会引起人们更大的反感和逆反心理。因为阈下知觉广告本身是通过人的潜意识来改变人的行为趋势的，而这种潜意识一旦上升到意识层面，就会让消费者产生自己很傻的感觉，会让他们认为自己被厂商愚弄。而这种情绪则会影响人们对该产品的态度，有可能对该产品产生极大的反感。如在影视中直接介绍某种产品的特性、优势，则会让观众产生极大的反感，对其反感程度甚至会超过直接介绍的电视直销节目。

另外，如果阈下知觉广告使用的时空不当，不仅不会促进产品的销售，反而会对产品造成负面的影响。前面提到的阈下知觉广告会使观众在潜意识层面不自觉地将"淘宝网"与"贼"这两个概念联系在一起，因此这一情节可能会让观众对淘宝网的印象大打折扣。

总之，广告自从诞生起就使用了大量的心理学研究成果。人们感觉和认知事物的心理历程与广告的效果之间存在极其重要的、不可忽视的联系。阈下知觉广告的发展也许是广告在市场经济条件下的一个必然趋势，它需要改进的地方还有很多，这还需要靠心理学工作者和传播学工作者不断地研究和开发。

59　为什么每年要举办旅游礼仪小姐大赛？

案例

2003 年 6 月 16 日，著名喜剧演员赵本山被沈阳市人民政府正式特聘为沈阳旅游"形象大使"。著名演员的广泛影响力以及浓厚东北文化特色的影视作品是其当选旅游形象大使的主要原因。赵本山担任旅游形象大使后，刘老根大舞台被确定为沈阳市旅游定点演出场所。由赵本山及辽宁民间艺术团合作，向国内外推介"绿色二人转之旅"这一全新的旅游产品。

与此同时，全国各地举办了一系列的旅游形象大使选拔活动，例如，桂林"刘三姐——桂林旅游形象大使""上海旅游形象大使""大湘西旅游形象大使"等。也有类似聘请赵本山这样的名人做形象大使的，如牛群受聘担任首位安徽"旅游形象大使"；成龙以旅游大使身份为香港旅游发展局在尖沙咀拍摄宣传短片。国内旅游已经进入轰轰烈烈的形象代言人时代。同时，每年都要举办旅游礼仪小姐大赛，选出形象好、气质佳的佳丽为旅游产品、旅游城市代言宣传。如在娱乐圈里面素有"文青教主"称号的江一燕，是土生土长的绍兴籍演员，在其代表作品《四大名捕》中，一股江南女孩气质涌动而出。作为绍兴人，江一燕担任绍兴电影形象大使，通过介绍和推荐家乡名吃名酒给圈内好友，让绍兴的旅游品牌推广更快。

为什么会出现旅游形象代言人呢？

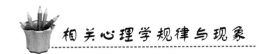

相关心理学规律与现象

心理定势；晕轮效应

在我们对人的认知过程中，存在一些知觉的效应，这些知觉效应是不以个人意志为转移的。定势效应是指人们当前的活动常受前面曾从事过的活动影响，倾向于带有前面活动的特点。心理定势是我们判断他人时常走的捷径。

所谓晕轮效应，就是在社会知觉中，由于对知觉对象的某种品质有清晰的知觉，从而掩盖了对知觉对象的其他品质的印象。也就是说，对一个人形成某种印象后，我们会以与这种印象相一致的方式去判断这个人的其他特点。晕轮效应就是这样一种片面的知觉方式。晕轮效应是从认知对象的某种特征推及对象的总体特征，从而产生美化或丑化对象的一种心理定势，也称为光环效应。

解析

游客对旅游目的地的印象通常经过对旅游资源的感知而形成。但旅游产品具有异地性消费特征，这使游客在进行消费前决策时，往往无法得出一个全面真实的印象。怎样使旅游者对旅游目的地有一个良好的知觉印象呢？旅游形象代言人的出现，就是将旅游者的感知对象进行转移，借助旅游礼仪小姐或旅游形象代言人在人们心中的良好形象和影响力这种"晕轮效应"，激发旅游者良好的情绪情感对旅游目的地形象进行感知。通俗地说就是"以点概面""爱屋及乌"。因此，人们才会"情人眼里出西施""厌恶和尚，恨及袈裟"。无论是为旅游形象代言的喜剧名人还是漂亮的旅游礼仪小姐，他们都能发挥强烈的晕轮效应，使知觉到的人成为潜在的旅游者。

60　为什么不愿意为员工上"三险"的旅游企业主最终还是要为他们上？

 **案 例**

　　几年前曾有报道，一些旅行社的导游无底薪、无医保，与旅行社没有签订正式的劳动合同。"无底薪"决定了导游必须靠带团来养活自己，月收入的多少完全要由团多团少来决定，这造成了大部分导游浮躁的心理，根本没有把心思放在团队服务上，而是不断地挖掘团队的金钱效益，造成了"导游只要钱"的社会印象。"无医保"则造就了导游群体的强烈孤独感。他们身处陌生的环境，一旦有了小病小痛，无人关心就容易引发孤独、悲观的情绪，觉得没有安全感。常常抱疾硬撑，跋山涉水。"无正式单位"则导致导游没有归属感，导游成为一个"自由群体"，没有集体荣誉感，也就没有一个明确的、可以为之奋斗的目标。因此，几年之前，导游还是一个"无底薪、无医保、无正式单位"的"三无"群体。

　　针对旅游企业中一些员工的劳动权益得不到保护，企业主也不愿意花大量的钱去维护劳动者权益的情况，我国颁布实施了新的《劳动者权益保护法》之后，在外界的压力下，企业主不得不做出和态度不一致的行为，即改善员工的劳动环境，提高员工的工资待遇，并为员工上了"三险一金"。

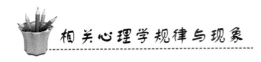

相关心理学规律与现象

态度与行为的关系；道德伪善

"道德伪善"是针对态度对行为的影响而提出的挑战，社会心理学家艾伦·威尔通过对各种人群、态度和行为的综述研究得出结论：通过人们表现出的态度很难预测他们的各种行为。心理学家丹尼尔·巴特森把这种态度和行为相背离的例子叫作"道德伪善"。一方面，道德伪善给个体带来利益；另一方面，个体通过表面表现得道德，内心也认为自己真的道德，就可以逃避社会及自我的惩罚。这时，道德于个体而言，更像是一种策略，而非原则。例如，学生对于作弊的态度与他们的实际作弊行为几乎没有关系；对教堂的态度与星期天做礼拜的行为只存在中等程度的相关。因此，当道德与贪婪同处在竞技场中时，通常是贪婪大获全胜。如果人们并不按自己所说的来做，那么，通过改变态度来改变行为的努力常常以失败告终就再正常不过了。

显然，我们的行为和表达出的态度是不同的，这促使社会心理学家去寻找原因，为什么具有道德观的个体会做出利于自己伤害他人、违背自己道德原则的事？如南京大屠杀、纳粹行为。最终的答案：我们所表露的态度和做出的行为各自受许多因素的影响。那么，如何避免道德伪善？巴特森的研究告诉我们，凸显、明确道德标准非常重要。当个体已经形成清晰、明确、坚定的道德标准时，他改变道德标准来与不道德行为相一致的倾向就会比较弱。比如在教育工作中，仅仅教育学生"要公平公正"是不够的，我们还需要告诉他们什么样的行为是公平公正，什么样的行为是不公平、不公正，并且让他们直接或间接体会受到不公平或不公正的行为时所产生的情绪情感，他们就会对于公平公正有较为深刻的认识。

解析

在会议上，明明某个人的发言冗长沉闷、枯燥乏味，我们一点也不喜欢听，可当他讲完时，为了表达对他的尊重，我们大多还是会鼓掌赞赏，是什么因素促使我们的行为和态度产生了不一致？答案是社会规范的存在。有时候，我们虽然对某一对象有一种正向或负向的态度，但在表现为行为时，由于社会规范的影响而不得不采取相反的行为。

同样，在情境压力下，也会出现态度与行为的不一致。例如，案例中提到，在旅游企业中，工人的劳动权益得不到保护，企业主不愿意花大量的钱去维护劳动者的权益，但当我国颁布实施了新的《劳动者权益保护法》之后，在外界的压力下，企业主不得不做出和态度不一致的行为，改善工人的劳动环境，提高工人的工资待遇。这说明，当情境压力很强时，态度就不可能再成为一种很强的行为决定因素。

还有一些情况，如药很苦，人们一般是不喜欢吃的，但为了治病，病人会毫不犹豫地吃药。这说明，有时我们对某个对象并不喜欢，但因为它对我们具有很高的价值，所以我们会做出一些违背自己态度的行为。因此，价值感的影响，也会造成态度与行为出现不一致。

综上所述，态度与行为之间不完全是一一对应的关系。例如，虽然你认为吸烟不好，但照样会泰然自若、心安理得地喷云吐雾。人们的日常行为常常与态度表现不一致，那么这种不一致，会不会影响人们的生活质量，让人觉得我们生活在一个口是心非、充满假象的社会中，以至于发出人心叵测、世事难料的感慨？可能会，但过度地对态度与行为的关系表现出怀疑，就是社交恐惧症，不敢走出家门与人交往，感受不到交往的快乐。因此，根据人们表现出的态度只能在一定程度上预测他们的行为，但却不能由此认为态度对行为没有多大影响。我们应该这样认识：态度是行为的重要决定因素。个体采取什么样的行动，还受情境、认知因素甚至过去的经验与行为的影响。只要我们把握住其中的规律，是可以预测人的行为的。

61 怎样让草原文化创意旅游项目具有吸引力？

案例

位于呼和浩特市周边的辉腾锡勒草原旅游区、格根塔拉草原旅游区、希拉穆仁草原旅游区，旅游产品的开发内容均为草原观光和蒙古族民俗风情观赏，各个景点低水平重复，景点间恶性竞争，差异较小。这导致外地游客对内蒙古旅游的印象就是看草原，别无其他。

而事实上，草原旅游只是内蒙古丰富民族文化资源当中很小的一部分，内蒙古民族文化资源中，民间歌舞、民间戏剧、手工艺术、传统民俗，内容丰富、形式多样，有很大的挖掘创新空间。就骑马活动而言，它可以涉及养马、驯马、制作马产品（如马奶酒）、制作马具和马靴等多个产业元素。摔跤、射箭也一样，有商家构建摔跤王之家、射箭专业旅游社区、马文化创意旅游村等。对"蒙儿三艺"进行文化旅游创意开发，就可能拉动养马、驯马、马产品生产、射箭技艺培训、射箭设备制作、摔跤技艺培训等多个相关行业发展，还可以在一定程度上扩散产业链，波及和拉动农牧业、文化产业、体育产业、加工制造业以及其他服务业等产业发展。在创意旅游高级阶段，需要以游客为中心，为其创造深刻的文化体验。在活动过程中，首先需要注重游客参与，充分体现游客的主动创意思维，引导其进行创意生产。这样，游客不仅看到了草原，还通过学习"蒙儿三艺"相关知识和技艺深化了对草原文化的感受。在整个旅游活动体验过程中，游客获得的不是"看到了草原文化"，而是"感受到了草原文化的内涵"。这对增加草原牧区的经济效益、促进民族产业发展以及实现旅游扶贫效应具有重要意义。①

相关心理学规律与现象

行为动机的外部诱因理论

动机是行为的出发点。一部分行为是内部需要引起的。我们以动物的觅食行为为例来说明。生物体就其本身条件来说，体温和能量供应等内部机制会寻求维持一种平衡状态，从而帮助自己生存。当某种需要产生后，需要就会破坏内部平衡，比如饥饿让人出现血压升高、血糖升高、胆汁分泌过量等内部不平衡状态，这种生理的不平衡马上引起某种心理上的紧张，内驱力就会被唤醒。这些内驱力反过来促使生物体采取消除紧张的行为，如觅食；当这些内驱力得

---

① 宋河有．创意旅游开发视角下草原非物质文化产业链延伸研究——以蒙古族"男儿三艺"为例[J]．西南民族大学学报（人文社科版），2015（9）：153-157．

到满足或消除时，动态平衡又得到了恢复，生物体就会停止这种行为。因此，动物寻找食物的反应与紧张的消除密切相关。

那么，消除紧张以满足需要能否解释所有的行为呢？回答这个问题前我们先看一个心理学实验。有一群被剥夺食物和水的老鼠，按消除紧张理论可以预知它们一开始会吃东西和喝水。然而当把这些老鼠放在一个到处都有食物和水的全新环境中，它们却选择四处探寻的行为。直到好奇心得到满足。尽管这些老鼠在生理上有饥渴的压力，但它们同样无法抗拒探索新环境的内心冲动。

这个实验证明，行为不仅仅是由内部驱力（需要）所激发的，还受诱因所驱使。该理论认为，本能、紧张状态的存在是不能产生有效的行为动机的，只有诱因给予了人们释放本能、解除紧张的条件，行为动机才能形成。

解析

为什么你整夜泡在网上而不去好好地睡上一觉？为什么你要观看你明明知道会引起你紧张的4D电影？为什么在宴会尽管你已经吃得很饱了，但还要吃那些没有营养的食品？为什么你明知走路的时候不看路会很危险，还要不停地边走边玩手机？因为环境因素作为诱因在激发你的行为。

事实上，整个社会确实都大量地使用诱因手段激发人们去做事。好多旅游决策行为往往也是在诱因的促进下形成的。比如"海南七日游只需999元""五一山西三日游只需300元"。多诱人呀！可能你根本没有要放松紧张的内在需求，只是因为这些宣传太具有诱惑力了，于是就有了"遇上天下此等美事岂能放过"的思想并做出了旅游决策。

那么，促进旅游动机形成的诱因手段有哪些？案例中提到的草原文化创意旅游项目之所以具有吸引力，是因为它通过大力开发独特的自然旅游资源和特色鲜明的人文旅游资源树立了良好的旅游目的地形象。那么具有吸引力的旅游资源或旅游产品应具备以下特征：①自然性，尽可能保持旅游资源或旅游产品的原始自然风貌，满足旅游者亲近大自然的心理需要；②独特性，个性是旅游产品的魅力所在，因此旅游产品的设计要突出个性、特色和独特的感染力；③民族性，越是民族的就越是世界的，因此那些具有典型民族风格、地方特色的旅游产品对旅游者充满了吸引力。

62 重金推行的名人旅游广告，销售额
会一直稳步上升吗？

 案例

　　各大城市、旅游景点为了提高本地人气，纷纷请来各路明星作为自己的旅游形象大使。这种依托名人效应打造景区明星气质是汇集人气的营销手段。例如，孙俪凭多部古装剧被广大观众熟知，其中处女作《玉观音》就是在丽江拍摄的，之后《一米阳光》在丽江拍摄并在全国热播，孙俪不仅凭借扎实的演技博得了大家认可，剧中的美景、剧照也无不透露出云南丽江的美。2006年，云南丽江牵手孙俪，代言丽江旅游（见图4-2）。这对佳好拍档，让丽江旅游更具明星气质了。

图4-2　孙俪为丽江景区代言

　　此外，刘雯作为中国的知名模特，也是湖南永州土生土长的美女，为家乡零陵古城代言，将一个不太知名的景区推向公众，更体现了她浓浓的家乡情怀。香港喜剧明星周星驰的祖籍在宁波，宁波旅游局满怀诚意地邀请周星驰担任宁波旅游的代言人，着实跨行让周星驰"惊艳"了一把。周迅公认有东方美女的典雅之美，也恰巧符合衢州多个古村落山水景区的气质。周迅童年在衢州度过，对家乡的山山水水有着深厚的感情，对烂柯山、孔氏南宗家庙、九龙湖等景点

记忆犹新，于是在 2004 年免费出任衢州市旅游形象大使。

　　旅游景区通过代言人的做法来推广景区品牌，越来越成为时下景区营销的常规做法。这些重金打造的名人旅游广告，起初确实会产生轰动效应，极大地吸引人们的眼球，短时期内旅游效益会升高，但再往后，正效益还会一直稳步上升吗？

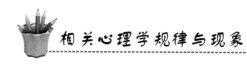

相关心理学规律与现象

霍夫兰的劝导模型；睡眠者效应

　　态度转变过程就是说服的过程。生活在现代社会中，每个人从早到晚会接收到各种各样的信息，同时也遭遇着各种各样的说服和宣传，每个人都会面临着被说服的可能，我们是怎样被人说服的呢？其实改变人的态度是一个非常复杂的过程。态度改变的过程，实际上就是一个沟通劝导的过程，会涉及各种各样的因素。而要有效地改变他人的态度，就要充分把握这些影响因素。具体来说，说服他人的心理战术可以从以下四个方面来把握：①解决好"什么样的人说服最有效"的问题——说服者；②弄明白"怎样说最有效"的道理——信息呈现、说服途径；③要了解"什么样的人最容易被说服"——听众；④要把握"什么情境下说服最有效"——情境。

　　一言以蔽之，社会心理学家认为，有效的说服要考虑说服者、信息呈现、说服途径、听众和情境几方面的因素，而每个因素中又分别包含若干个子因素。说服的效果是由这些因素的相互作用所决定的。

　　"睡眠者效应"是心理学家霍兰德（Hovland）提出的概念。他通过实验研究发现，信息传播结束一段时间后，高可信性信源带来的正效果在下降，而低可信性信源带来的负效果却朝向正效果转化，如图 4-3 所示。

　　为什么会产生睡眠者效应呢？最主要的原因是什么？

　　第一，忘人比忘事更快。心理学家凯尔曼和霍夫兰在解释睡眠者效应产生的原因时指出：人们忘记沟通的来源（传达者）比忘记沟通的内容要更快一些。这可能是因为，人名是一个抽象的概念，记忆比较困难，而事情往往总是比较具体的、比较形象的，这种形象具体的东西是人们易于记忆与回忆的。因此，三周之后，根据艾宾浩斯的遗忘规律，人名（信息传达者）不再被提及

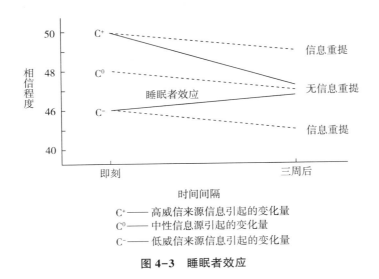

图 4-3　睡眠者效应

时，人们只能根据回忆任务来进行回忆搜索，从而产生睡眠者效应。

第二，是信息发出者的威信效应中断的结果。由于信息发出者具有威信，这种威信就会使接收信息的人产生认知偏差——对威信高的信息发出者会采取全盘接受甚至扩大信息的做法，而对威信低的信息发出者会采取全盘否定甚至歪曲信息的做法，从而产生完全不同的效果。但过了一段时间后，这种威信效应不再存在，睡眠者效应就凸显出来。可见，睡眠者效应是与信息发出者威信效应中断有密切关系的。

睡眠效应显示了广告与受众行为与产品销售业绩之间的复杂关系。我们要认识它的存在，但这不能成为制作粗糙广告的借口。

 解 析

态度是对行为活动有重要影响的心理因素。现实生活中，不可能每位游客都对特定内容的旅游活动普遍抱有积极态度，而旅游活动的组织者和经营者，都希望存在消极态度的人能改变态度，以有利于旅游事业的发展。这就涉及以下一些问题：人们的旅游态度能否改变？影响态度改变的因素有哪些？通过什么途径、采取什么方法能够有效改变人们的态度？

案例中提到的重金打造的名人旅游广告，强调了信息传达者的威信作用，

这是最具有说服力的。2001 年，遭遇"9·11"事件之后的美国旅游业一落千丈，美国旅游业协会拍摄了一个推广美国观光业的电视广告，其中两次出现了布什的声音。此外，韩国总统金大中也为韩国旅游做过广告，他扮演一名客机驾驶员，在驾驶舱里面对观众说出这样的广告词："韩国正在脱胎换骨，欢迎前来领略韩国。"另外，日本首相安倍晋三在 2019 年向华侨华人祝贺的新春致辞中说道，"值此新春佳节之际，欢迎今年有更多的中国朋友莅临。日本各地独特的自然风光、悠久的传统文化，以及地方特色的日式料理、美味的大米和清酒等，堪称魅力纷呈。同时也期待中国来的朋友们都能从不同的角度发现日本……"这些案例都是利用名人效应和人们的从众心理做广告的。

此外，选择普通旅游者做广告也是一种营销的手段，旅游目的地可以邀请普通旅游者谈谈对该旅游地的感受、旅游经历以及对该旅游地的满意度等，并制作专题节目进行宣传。这些旅游者谈论自己亲身的旅游经历，会使受众感到亲近，从而使广告诉求更容易引起共鸣。不过，专家较一般人更具权威性，用专家所特有的公信力和影响力做出来的广告，是从众旅游者理想的参照群体。这就是所谓的"人微言轻、人贵言重"的道理。一般说来，说服者的权威性越大，被说服者改变自己态度的可能性就越大。当然，说服者的公正与客观也会影响说服效果，如果说权威人士发表某种见解的动机是基于私利，或具有偏袒性甚至是偏见，那么他的影响力也会下降。

有名望的媒体和有吸引力的代言人，都是广告主选择的上策，这些重金打造的名人广告，起初确实会产生轰动效应，极大地吸引人们的眼球。短时期内销售效果可能会提高，但再往后，睡眠者效应告诉我们，销售额并不会一直稳步上升。随着越来越多的广告主采用此策略，受众开始出现了见怪不怪的"审美疲劳"。况且，信息超载环境下的受众早已变得忙碌而又健忘，名人广告见多了，难免张冠李戴起来，这就导致广告不得不靠不断地重复来强化效果。但是这种定时强化、定比强化的效果往往平平。

那么，观众喜欢看那些在其津津有味地欣赏电视剧时突然插播进来的广告吗？这些广告是低效的吗？事实上，一些所谓挨骂的广告，产品销量在上升。因为当看到了插播广告时，观众就在怒气冲冲的情绪状态中无意集中了自己所有的注意力，记住了这个产品的名字。随着时间一天天过去，由广告引发的情感反应会与产品名字发生分离，观众愉快或不愉快的情感将随时间的推移而不复存在，只有广告信息本身牢牢地保持在消费者记忆深处，他们记住的将会是产品，而不是令人不快的反应。名人广告越往后业绩越平平，而令人生厌的插播广告越往后业绩越好，这就要归功于睡眠者效应了。综观全局，不管受众感知的信源如何，他们从传播中得到的信息内容的影响力是一样的。

63 你想去千岛湖用农夫山泉洗澡吗？

案例

下面是一些旅游地的宣传标语，它们有何特点？

去千岛湖，用农夫山泉洗澡

七彩云南，梦幻丽江

去辉腾西勒草原，你将成为一棵草，一片云

人间天堂，苏杭之旅

登泰山，保平安

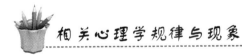

弗洛伊德的无意识动机理论

弗洛伊德认为，人的精神活动可以分为三个层次——意识、潜意识和前意识。现代科学证明，意识指导和调节人的行为，是一种重要的心理过程，是人脑的反应。可弗洛伊德认为，并不是任何精神活动都是在意识指导下进行的，精神活动过程本身都是无意识的，他反对把心理学看成是研究意识的科学，主张心理学的研究对象应该是各种各样的无意识的精神活动。

在弗洛伊德看来，在人类的内心深处有一些本能的冲动和被压抑的欲望。为什么内心深处深藏着这些东西呢？因为这些东西不符合社会道德、风俗、习惯、法律和本人的理智，于是被排挤到潜意识里，而无法进入意识里被个体觉察。但是它们进入了潜意识后就消失了吗？并没有，它们仍然在潜意识里积极地活动着，并时刻试图追求满足。所以弗洛伊德说，是潜意识产生人类行为的真正动力，它虽然不被人觉察，但却对人的行为有着极大的影响。各种神经疾病和变态行为的病因，大多可以追溯到潜意识。

那么，意识有批判能力吗？潜意识有没有批判能力呢？事实上，意识有批判能力，而潜意识不会辨别想法是好是坏、是对是错，只会根据指示或者暗示，一律遵照执行。即使给它的指示信息是错误的，潜意识也会将其当作正确的一如既往地去执行。所以，潜意识会完全听从意识的控制吗？不会的，它既要受到意识的控制和支配，同时又具有一定的相对独立性。这就是我们有时候感觉好像自己控制不了自己，会说出一些莫名其妙的话，做出一些不可理喻的事的真正原因之所在。想想你自己，是不是会有神经过敏的行为、会在不经意中脱口而出你本不想说出的话（口误），甚至在梦中会出现你的潜意识想法？你会不会毫无理由地喜欢或厌恶一个人，会有不明原因的不快？你是否会发现自己在没有充分理由的情况下做出某事，为某事争论或做出某个决定？这样就引出了一个比较偏激的说法，即"你根本不知道你为什么要这样做"。也就是说，造成人类行为的真正心理力量大部分是无意识的。

那如果潜意识要发出一个愿望，它会不会直接冒出来呢？不会的，意识与潜意识是对立的、对抗的，是统治与被统治的。任何一个潜意识想法的冒出都必须请示意识，只有经过它的审核与批准，潜意识想法才会出来。打个比喻，意识仿佛一位领导，潜意识是它的员工。员工都忠诚于领导吗？不是的，有时员工就不听领导的。领导会听从员工的所有建议吗？不会的，只会听从一点点，甚至一点也不听。被意识所允许的潜意识愿望太少了，所以显示出来的基本现象是，意识与潜意识是对抗的。一个想这样做，另一个不允许它那样做。人们的内心会有一个鸿沟，有一个深深的分裂层——那就是意识与潜意识之间的距离。因此，人们常常会产生一种自我矛盾感。

弗洛伊德还提到，如果把人的精神活动层次比喻为浮在大海上的一座冰山，那么始终露出水面的部分就是意识，随着风浪翻滚上下起伏、时而没入水下时而浮出水面的部分就是前意识，而始终无法浮出水面的那部分就是潜意识。这个前意识是介于意识与潜意识之间的，可以回忆起来并且变成意识的那部分心理内容（见图4-4）。

在弗洛伊德看来，前意识是意识的一部分，从前意识到意识，或者从意识到前意识，都是转瞬之间的事，两者虽有界限，却不存在不可逾越的鸿沟。在内心深处被我们忽视、遗忘、压抑的这些内容，不一定会永远被忽视、被遗忘、被压制。心理活动中那些被忽视的内容可能被注意，被遗忘的内容可能被想起，被压抑的内容也可能被解除。

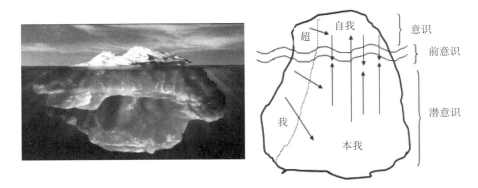

图4-4　弗洛伊德的意识水平三层次图示

 解 析

　　按照弗洛伊德的观点，人类的一些观念尽管强烈而活跃，但却仍不能进入意识，但潜意识的指示价值远比意识更为重要。因此，弗洛伊德认为一个人不可能了解其行为的真正动机。例如，一个民营企业家来北大读书，他也许会称自己的动机是"充电"，即学习知识以便更好地经营企业。但进一步分析其潜意识动机的话，他来北大可能是为了向他人炫耀自己的才华，即自己是一个能文能武的现代儒商；还可能是为了广交朋友，建立起自己的商业网络。更进一步分析的话，可能是为了圆心中的大学梦，实现儿时的梦想等。又如，老年消费者不愿意吃果脯是因为果脯看起来皱皱巴巴的，让人联想起病态和老年；妇女所以喜欢食用植物油，而不喜欢食用动物油，是因为后者会引起一种残杀动物的罪恶感；怀孕的妇女不愿看暴力影片，原因是会引起一种残杀生命的罪恶感。

　　弗洛伊德的无意识理论是弗洛伊德整个精神分析学体系的支柱。无意识不仅是生命的源泉和动力，而且还能主导我们的精神活动，它具有非理性、无逻辑性的特征。在人类许多理性的行为背后，或许隐藏着强大的非理性动机和非理性情感。

　　按照弗洛伊德的观点，作为一个旅游者，指导其旅游决策的真正力量，并不是他的意识、他的思想，而是他的潜意识。为此，我们可以把旅游者外出旅游的心理分为以下两种类型：

第一，有意识的旅游心理，即人们清醒地明白通过旅游活动会获得什么样的满足的外出旅游的心理动因。如满足好奇心、缓解压力、梳理情感、开阔眼界、陶冶情操，等等。

第二，无意识的旅游心理。这里可能包括逃避现实、回归自然、寻求尊严，也可能是漂泊流浪、征服世界、认识另一个自己、遨游宇宙，甚至是满足自己的侵犯欲、英雄欲等。

那么案例中设计的旅游广告词正是从人们的潜意识入手极力唤醒人们的旅游动机，并深入挖掘，起到了非常好的宣传效果。

64 营销旅游产品时，怎样才能让买主动心、放心又省心？

 **案 例**

周莉是学播音主持专业的，她对自己承担旅行社营销员的工作非常自信。因为她形象好、气质佳，声音也好听。但是，做了一个月之后，她发现自己的业绩很一般。相反，同事王薇薇的业绩却一直不错。这是为什么？征得同事的同意后，她亲身观摩了一次王薇薇的营销情境。她发现，面对潜在的游客，首先要做的营销活动不是宣讲旅游线路，也不是帮助对方精打细算地考虑旅游的具体问题，而是先聊天，聊到对方高兴了，才帮助游客分析吃住行游购娱等方面的具体问题，再帮助游客精打细算一番就成功了。可周莉就是不明白，为什么王薇薇这一套就很灵，能营销成功好几单呢！

 相关心理学规律与现象

柏恩的人格结构分析

加拿大蒙特利尔的精神科医生柏恩普遍推广相互作用分析理论，这为理解旅游行为提供了一个简单方法。相互作用分析的一个基本概念是自我状态。柏恩把个体的人格结构分为三种"自我状态"：父母自我状态，成人自我状态和儿童自我状态，分别以第一个字母 PAC 来命名。这三个"自我"分别用权威、理智和感情来支配人的行为。

　　柏恩认为，人类个体是由这三种不同的自我状态组成的，人的个性中这三个不同的"行为决策者"相互独立、相互制约、共同参与决策。不过这三者在每个人的人格结构中所占的比例不同。每个人身上总有一种自我状态占优势，不同的人在不同的情境下会不由自主地选择不同的自我状态。

 **解析**

　　当一个人决定外出旅游时，一定会做出一系列与旅游有关的决定，如选择什么样的旅游目的地，选择何种旅游方式，在何处就餐，在哪里住宿等，旅游者在做出上述决定时，一般会受到旅游者三个自我的共同影响与作用，旅游者的任何决策都是其三个自我协调后的结果。为了减少三个自我的斗争，顺利营销，营销人员往往要面向这三个层次，并尽可能兼顾。简单来说，就是"引起兴趣""打消顾虑""帮助策划"。这需要营销者做好以下三方面的工作，并且缺一不可。

　　首先，营销者要激发旅游者的欲望、情感，使其动心，即吸引"儿童自我"。因为没有基于兴趣的任何讲话都是废话！所以营销初期可以与对方聊天，聊到对方高兴了，就可以通过广告宣传激发儿童自我特有的情感需要，使人们产生"我也要去"的旅游动机。

　　其次，提出一个有意义的理由使其放心，即说服"父母自我"。这是因为，尽管儿童自我本能地受到旅游乐趣的吸引，但父母自我状态往往持保留态度。一个人的父母自我更容易对其儿童自我状态追求快乐的愿望给予指责和批评。例如，人们在购买了一些奢侈品后往往有一丝潜在的罪恶感，其实是他的父母自我状态在进行自我批评，对于旅游这样无法产生实际效益和财富的消耗金钱的活动，多数情况下，父母自我会持反对态度。那么，说服父母自我最有效的办法是打动父母自我状态中本来就存在的一丝合理安排空闲时间的动机，而最好的动机就是旅游活动所具有的教育意义。现实中我们会注意到，教育孩子是每个父母都很乐意做的工作，很具有吸引力。例如，某些旅行社的著名高校旅游线路推出后大受欢迎，最根本的原因就在于其教育意义更胜过其游玩意义。

此外，家庭成员在旅游活动中联络和增进情感、消除工作疲劳、提高社会地位等都可能成为父母自我状态中旅游动机的来源，这都是营销员第二步需要向客户讲明的。

最后，输送旅游产品信息让其省心，即打动"成人自我"。因为在成功地激发了旅游决策者中的儿童自我、设法说服了父母自我之后，此时他的成人自我就开始考虑吃住行游购娱等方面的具体问题了。成人自我状态一般对旅游产品的特色、价格、日程安排等方面的信息关注比较多。这个时候如果营销人员能递上一本写得清清楚楚、让人一目了然的小册子，并帮助他精打细算一番，生意就算做成了，旅游公司可以从这些方面让成人自我得出"还可以，还合适"等结论，促使其理智地做出旅游决策。

实践证明，当买主能够动心、放心而又省心的时候，也就能下定购买的决心了。这就是案例中王薇薇成功营销的心理学依据。

65 杜女士看好的杭州丝绸为什么又不买了？

案例

在杭州游玩了一周，杜女士想买几件丝绸衣服。雍容华贵的杜女士走进一家杭州丝绸店里，在店里转了两圈，最后在高档套装区停了下来。店员小肖连忙走过来招呼她，礼貌地介绍："小姐，这套服装既时尚又高雅，如果穿在您这样有气质的女士身上，会让您更加高贵优雅。"杜女士点点头，表示同意。小肖见她很高兴，对这套衣服也比较满意，便又说道："这套衣服质量非常好，相对来说，价格也比较便宜，其他的服装要贵一些，但是又不见得适合你，您觉得怎么样，可以定下来的话我马上给您包起来？"

小肖心想：质量很好，价格又便宜，她肯定会马上购买。但是杜女士的反应却出乎预料，听完小肖的话之后，杜女士立刻变了脸色，把衣服丢给小肖就要走，实在忍不过又回头对小肖说："什么叫作这件便宜？什么又是贵一点的不适合我？你当我没钱买不起是不是？告诉你，我有的是钱，真是岂有此理，太瞧不起人了，不买了！"尽管小肖不住地道歉，杜女士依然很生气地离开了。

请分析为什么好好的一笔生意，被小肖后来加的一句话给搞砸了？

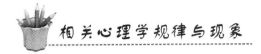相关心理学规律与现象

自我意识、自我认知与自我概念

在战争中，作战双方都要有作战指挥部。在我们的人格系统中，同样也有一个作战指挥部，叫自我意识，它是整个人格结构中的内部控制系统或自动控制系统。它指挥着人格的各个组成部分，使它们协调工作，从而保证一个人的人格成为统一运作的"一台自动化机器"。

自我意识是人格的重要成分，是指人对于自己的各种身心状态以及自己和周围事物关系的一种认识、体验和愿望，自我意识是隐藏在个体内心深处的心理结构，也是人格的自我调节系统，它具有目的性和能动性等特点，对人格的形成、发展起着调节、监控和矫正的作用。

自我认知，也可以称为自我概念，是自我意识的重要组成要素。自我认知就是自己对自己的认识，包括自我认识、自我观察、自我分析、自我评价等。它解决"我是一个什么样的人"的问题。自己对自己的观察是指对自己的感知和思想等方面的观察，自己对自己的评价是指对自己想法、期望、行为的判断与评估，这是一个人对自己的思想和行为进行自我调节的重要条件。如果一个人不能正常地认识自己，只看到自己的不足，觉得自己处处不如别人，就会产生自卑心理，丧失信心，做事畏缩不前。相反，如果一个人过高地估计自己，也会骄傲自大、盲目乐观，甚至会导致工作上的失误。因此，只有恰当地认识自我，实事求是地评价自己，才可能形成完善的人格。自我体验是伴随自我认识而产生的内心体验，是自我意识在情感上的表现。自我调控是指个体控制和指导自己行为的方式，它强调的是个体对自己的思维、情绪和行为进行监察、评价、控制和调节的过程。

自我意识是个体社会化的结果。自我意识的形成大致可以分为生理的自我、社会的自我和心理的自我三个方面。生理的自我是一个人对自己身躯的认识，包括占有感、支配感和爱护感。心理学家大多认为，儿童要到 3 岁的时候，自我意识中的生理自我才能形成。这时候儿童所表现出来的行为，大多是以我为中心的。社会的自我时期大约从 3 岁到青春期之前，这段时间既是个体接受社

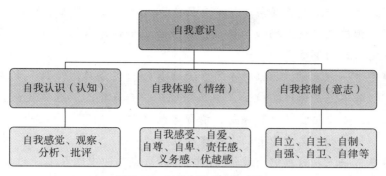

图 4-5　自我意识的组织结构

会影响的重要时期，也是个体实现社会自我的最关键的阶段。心理的自我是从青春期到成年，大约 10 年的时间。其间，个体无论在生理上还是在心理上，都发生了一系列急剧的变化，骨骼的增长，想象力的丰富，逻辑思维能力的日益完善，进一步使个体自我意识的发展趋向主观性。所以，这一时期又称为主观化时期，如表 4-1 所示。

表 4-1　自我意识的三大维度

	自我认知	自我评价	自我控制
生理自我	对自己身体、外貌、衣着、风度、家属、所有物等的认识	英俊、漂亮、有吸引力、迷人、自我悦纳	追求身体的外表、物质欲望的满足，维持家庭的利益等
社会自我	对自己的名望、地位、角色、性别、义务、责任、力量的认识	自尊、自信、自爱、自豪、自卑、自怜、自恋	追求名誉地位、与他人竞争、争取得到他人的好感等
心理自我	对自己的智力、性格、气质、兴趣、能力、记忆、思维等特点的认识	有能力、聪明、优雅、敏感、迟钝、感情丰富、细腻	追求信仰、注意行为符合社会规范，要求智慧与能力的发展

　解析

　　现实中，每个人的内心深处都有自己设立的自我形象，它就像一幅美好的蓝图，激励着一个人不断改造、完善、塑造自己从而实现理想的自我。而人的消费活动有助于加强和突出一个人的自我形象，从而与消费者的理想人格协调

一致，因此消费者总是选择与理想自我形象一致的产品。例如，8848 钛金手机非常昂贵，但这是珠穆朗玛峰的高度，就迎合了一部分人的理想自我需求，可以抢占特定人群的消费市场。

从消费者一方来说，积极寻求符合自我身份、契合自我个性、彰显自我价值的品牌，其实质是通过品牌形象来映射理想的自我概念。也就是说，消费者购买什么产品或者接受什么服务是由消费者的"自我概念"决定的，品牌的个性、价位等维度必须与消费者的自我概念相一致。

说得通俗一点，自我概念就是一种理想的自我，即中国人常说的面子。"面子"是中国传统文化、传统价值、社会文化、人格特征综合作用下的产物，是人们在人际交往中根据自我表现做出的评价，希望自己在大众心目中所应有的心理地位，它与身份、地位、角色相吻合。中国几千年来的"面子"文化，使中国人的旅游消费心理与行为具有很强的"面子"情结，甚至构成了驱动消费的强大动力，造就了中国非常大的特殊消费市场。群体和个体都会影响消费者的行为。在西方，个体的影响更大；而在中国，群体的影响作用更大，群体影响会让消费者形成从众心理乃至"羊群效应"。因此，适当地诱发人们在群体中的"面子"心理，能够大大地提高营销效率，为企业带来更多的收益。例如，旅游地的酒店考虑宾客的"面子"，提供免查房的贵宾 VIP 结算通道。

服饰的品牌形象、价格定位是自我概念的映射。显而易见，案例中的杜女士之所以那么气愤，是因为她比较爱慕虚荣，害怕别人说自己没钱，害怕被别人看不起，对"便宜"这个词比较敏感。一般而言，顾客购买衣服往往会追求实惠和便宜，我们普遍认为物美价廉是很多顾客的最佳选择。但对于一些顾客，如果导购向他们传达商品便宜、实惠的信息，会无意中刺伤他们的虚荣心，反而让他们拒绝购买。

66 营销时如何应对客户的心理阻抗？

案例

一行中国游客去蒙古国口岸扎门乌德旅游。导游："蒙古国的特产——红金非常有名，您购买一条红金项链或红金戒指送给家人，是个不错的选择。"

游客1：……（沉默不语）

游客2：我是听说蒙古国的羊毛毯是最实惠的旅游纪念品。

游客3：我不相信所谓的红金，这和铜的色泽有什么区别！真送给别人，别人还以为你不把他当回事儿呢！

导游：你们真不知道红金有多么好，是多么有特色，你们一定要看看的！

游客们一脸无奈。

 相关心理学规律与现象

阻抗心理；说服意图

在传播新信息的过程中，如果信息接受者发现对方旨在影响和说服自己，可能会引起自我防卫机制，增加对新信息的怀疑和戒备心理，以至于拒绝改变态度，这叫逆反心理，或称阻抗心理。

在说服性沟通情境下，如谈判、推销、心理咨询、传播一个新思想等，人们的沟通行为可能会出现心理阻抗。阻抗的概念最早由弗洛伊德提出。他将阻抗定义为人们在自由联想过程中对于那些会使人产生焦虑的记忆或认识的一种压抑，本质上是人们对于沟通过程中自我暴露与自我变化的抵抗。因此，阻抗的意义在于增强个体的自我防御。

阻抗心理在讲话程度上的表现是沉默、寡语和赘言，其中尤以沉默最为突出。当对方表示"我今天不想讲"或"没发生什么事情，因此没有太多可以说的"，则表明对方可能处于一种阻抗的心理环境中。沟通中，一方还经常通过直接或间接地控制话题、理论争辩、提假问题、偷换论题等方式来表现他对沟通内容及其个人行为变化的抵制。

为什么沟通中的人们会产生阻抗心理呢？一是因为接受别人的意见必然会带来某种痛苦。瓦解自己过去相信的东西是痛苦的，而建立新的信念和价值观也是很艰难的过程，在这一过程中，被说服者必然会感到非常紧张和焦虑。二是接受别人的说服就意味着变化，而变化总要付出代价，总会有随着消除旧有的行为习惯，建立新的行为习惯的痛楚。由于对接受别人的意见所带来的痛苦没有心理准备，往往易产生阻力。这时，被说服者可能会希望放慢改变的步伐，或停止改变旧行为、建立新行为的行动。

 **解 析**

面对对方的阻抗心理，说服者该如何化解以使沟通能够顺利进行呢？我们建议隐蔽说服意图。有这样一个故事。

英国著名诗人拜伦在街上散步，看见一位盲人身前挂着一块牌子，上面写着"自幼失明，沿街乞讨"。如果你是路人，看见这些字后会怎样？事实确实如此，路人好像没看见一样匆匆而过，很长时间过去了，盲人手中乞讨用的破盆子里还是没有一毛钱。拜伦走上前去，在盲人的牌子上加了一句话，"春天来了，我却看不见她"。看到这些话，你有什么感受？真可怜！是呀，"春天来了，我却看不见她"这句话激起了人们的同情心，过路人纷纷伸出援助的手。

这是一个典型的说服案例，在面对"他人努力说服自己"和"随便说一说"两种情境下的信息时，人们会觉得第二种情境下的信息可信度更高。触龙说服赵太后便是如此。所以，一般应该隐蔽传播或说服的目的，以利于人们改变态度。生活中的说服也如此，当家长摆出一副"我是在教育你"的面孔和姿态，口若悬河地教育孩子时，孩子会不会买账？教育是不是也需要没有意图、不留痕迹呢？孩子越是感受不到教育者的意图，越是能从教育者隐蔽了意图的教育中受到启发和感染，教育效果也就越好。所以苏联教育学家苏霍姆林斯基曾说："当老师教育学生时，如果学生知道你在教育他，你的教育就失败了。"

教育活动与说服沟通活动是两个非常相似的概念。在沟通中化解阻抗心理，除了要隐蔽说服意图，还要关注说服沟通时的立场问题。"换位思考"，是指站在对方的角度和位置上，客观地理解对方的内心感受及内心世界，且把这种理解传达给对方的一种沟通交流方式。

案例中双方的沟通产生不悦，中国游客出现了阻抗心理。导游站在游客的立场上可以这样反馈，例如，"我理解你，如果我是你，从没来过蒙古国，我也会有这样的想法的"。或者说，"你们的这些顾虑都很有道理，考虑得也很周全，刚开始我也有同感"。这些反馈都站在了被说服者的立场上进行了同理心反馈，是让对方消除阻抗的有力手段，也是建立信任的必要环节，更是进一步展开说服沟通工作的基础，而案例中的导游还在极力地说服，势必会立刻激起对方更加强烈的阻抗心理。

67　想让客户购买就一个劲地说它好吗？

情境一：

你准备去五台山一日游，面对下面两种说服信息，你会更倾向于选择哪一种观点？

A：我们旅行社推出的这款旅游产品包食宿，空调大巴，而且价格适中……

B：虽然我们旅行社推出的这款旅游产品不是各家旅行社最便宜的，但我们的各项服务与餐饮标准在同行中是首屈一指的……

情境二：

你是一名将要从俄罗斯旅游回国的中国游客，在俄罗斯机场的免税店看到了很多俄罗斯套娃，你想买回一些送给国内的朋友。下面哪一位售货员的说服信息，会有效地说服你购买？

A：这个套娃是最新款，木质好，绘画特别精细，价格不贵，便于携带……

B：虽然这款套娃的体积不是最小的，但它的用料、款式、色彩在同类产品中都名列前茅，口碑非常好……

情境三：

你想改变对方"拿自己所有的积蓄去世界各地旅游"的偏激的态度，你会怎样去说服？

A：消费者需要关注风险分担。

B：不要把所有的鸡蛋都放在同一个篮子里。

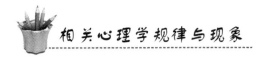

相关心理学规律与现象

说服维度与说服途径

怎样说服最有效？社会心理学家的研究结果表明，态度中有认知成分、情感成分以及行为意向成分。相应地，说服工作可以从这三方面分别实施。这里我们着重探讨从认知入手进行的说服工作。

怎样从认知入手做好说服工作呢？可以从片面展示与正反双面展示两个维度入手。而说服的途径主要有两条：中心说服途径和外周说服途径。中心说服途径是运用令人信服的论据来进行说服，如摆事实、讲道理、列数据等，这是在对问题进行系统思考的基础上开展说服的。在什么情况下适合使用中心说服途径呢？如果人们在某种动机的引导下，需要全面系统地思考某个问题，并且十分关注论据的精确性，那么中心说服途径此时是非常有用的。然而在一些情境下，人们并没有强烈的动机对说服者的话进行思考，并且没有过多关注信息是否精确，此时可以使用外周说服途径。外周说服途径就是采用通俗易懂的表达方式来进行说服，为人们提供无须多想就可能接受的线索。这样看来，中心途径是充满理性的，而外周途径则注重感性。

解析

好多人认为，为了达到让对方转变态度的目的，只需一味陈词，只说某事或某人的优点，像好多商业广告一样，做大量的"一边倒"宣传，只说产品的好，而对产品的不足只字不提，认为这样就会对对方转变态度的影响大一些，这叫商品宣传中的片面展示。但事实上，这很可能引起对方的强烈反抗和态度抗拒，具体表现为贬损信息、歪曲事实、拒绝和躲避。相反，对于经验丰富、知识程度较高的人来说，如果能采用正反两方面、优缺点并举的方法，说服效果可能会更好，这叫双面展示。

那么双面展示适合说服哪些人？对那些学问多、经历广的人，就不能用单面论证，而要用双面论证。因为你不讲反面，他会认为你这个人讲话不全面，从而就会否定你。因此，轻描淡写地提一下漏洞、弱点这些反面信息，最后再回到正面观点上，就可以让对方觉得你是个考虑周全的人，你所说的话也应该是值得依赖的。

那么，正面的单方面说服是不是没有用武之地呢？当然不是，对于哪些人适合使用单方面正面说服的方法？对于辨别力较低、文化程度较低、经历不广、有从众心理的人来说，也许正面说服的效果比正反并举的方法奏效。也就是说，不讲得简单点，他们就听不明白，搞不清楚。

优秀的说服者会根据被说服者身份、年龄、学养的异同，巧妙地区别使用片面展示和双面展示。因为消费者不论买什么，其实不光只想听这个产品如何好，还想听到其不具优势的信息。案例中的情境一和情境二，A选项都是单面展示，人们会对信息的真实性有疑虑，而B选项都是双面展示，都是先轻描淡写地提一下产品的不足之处，然后详细描述其优点，人们就会觉得呈现的信息是值得信赖的。

此外，说服途径的合理运用也是说服成功的重要因素。案例中的情境三，A选项属于中心说服，而B选项属于外周说服。受过更多教育且善于思辨的听众更倾向于被中心说服途径说服，而对说服内容不怎么感兴趣的听众则更倾向于接受外周说服途径，喜欢根据个人对说服者的偏好来决定是否接受信息。

68 从《疯狂的外星人》看国内的山寨景点有什么问题？

案例

《疯狂的外星人》有一段搞笑的情节：外星人拍下了周边的建筑作为求救信息发出去。美国特工根据照片中的埃菲尔铁塔、金字塔、基督像分别去了法国、埃及、巴西，却发现不对。最后，美国特工在中国的一个山寨景点里终于找到外星人。这个山寨景点里面有世界各国知名旅游景点、地标，相似度很高，简直以假乱真，难怪美国特工会找错地方！

目前国内山寨国外景点的地方至少有20多处。很多知名景点，比如埃及的狮身人面像、法国的埃菲尔铁塔、金字塔、自由女神像、意大利的威尼斯水城更是被多个地区山寨，分布在全国各处，国人实现了不出国门就可以游遍世界。其中，有些是复制单个景点建筑，有些是复制多个景点建筑，还有些复制整个景区。比如，深圳世界之窗、北京世界公园、华西村都是将世界各国的知名景点集中到一个公园里，只不过尺寸变小，成为缩微版。

浙江天都城就更厉害了，把整个巴黎都复制到中国了，从埃菲尔铁塔到香榭丽舍大街的喷泉、战神广场、香波尔城堡、凡尔赛宫以及周边的建筑物，一个不漏。山寨的埃菲尔铁塔，是完全模仿真实的埃菲尔铁塔并按照1∶3的比例复刻而来；香榭丽舍大街从外形和高度来看，也和法国原版的香榭丽舍大街高度相似，以假乱真。买了这个小区的房子，就好像生活在法国巴黎一样。①

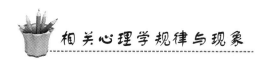

相关心理学规律与现象

知 觉 的 恒 常 性 特 征

一首熟悉的歌曲，会不会因它高八度或低八度而感到生疏，或因其中个别音符走调就认为是别的歌曲？不会。在知觉过程中，当知觉的条件（距离、角度、照明等）在一定范围内发生变化时，知觉映像却保持相对不变，这就是知觉的恒常性特征。

在视知觉中，知觉的恒常性表现得特别明显。构成视知觉恒常性的主要成分有五种，即亮度恒常性、颜色恒常性、形状恒常性、大小恒常性、方向恒常性。例如，当我们欣赏中国水墨画时，大脑会把荷花和荷叶依然会知觉为水红的荷花和墨绿的荷叶，黑白电视和黑白电影依然可以让我们感受到五彩缤纷的世界，这就是知觉的颜色恒常性。景区里的哈哈镜就是利用形状恒常性原理设计而成的。不管你胖成什么样子，脸肿成什么样子，你仍然能找到你的一丝影子。又如，坐在教室后排的同学与教室第一排的同学相比会不会因为老师站的位置远，就认为老师的个子很矮呢？不会，虽然物体离我们近时在视网膜上的成像要大于物体离我们远时在视网膜上的成像，但我们实际知觉到的物体的大小不会因此而改变，这就是大小恒常性，即在视网膜成像大小变化的情况下，

---

① 安福双．从《疯狂外星人》看国内山寨景点现象［J/OL］．文化产业评论．https：//www.sohu.com/a/297170900_ 15261.2019-02-23.

我们仍倾向于感知物体真实大小的能力。人们凭借知觉的恒常性能够摆脱单纯物理刺激所得到的片面知觉，从而全面、正确、稳定地反映客体，以适应不断变化的旅游环境。

为什么知觉会有恒常性特征呢？知觉的恒常性依赖于什么？知觉的恒常性主要依赖于过去经验的作用。因为客观事物具有相对稳定的结构和特征，经过个体的感知后，其关键特征会储存在个体的大脑中，当它们再次出现时，虽然外界条件发生了变化，但无数次的经验校正了来自每个感受器的不完全甚至歪曲的信息，大脑会将当前事物与大脑中已有的事物形象进行匹配，所以可以确认为是感知过的事物。

 解析

旅游知觉的恒常性常常受到多种因素的影响，其中过去的经验和知识最为重要。即使外部旅游刺激情境发生变化，人们仍能把旅游过程中的所见所闻与自身经验所保持的印象结合起来而获得近似于实际的知觉形象。例如，我们从圆明园的断垣残柱中，可以想象出被焚烧前圆明园的宏伟壮丽，那就是过去的经验和知识在起作用，倘若没有历史的知识，就难以从断垣残柱的痕迹中想象出圆明园的过去形象。

案例中提到的山寨微缩景观就是运用旅游知觉的恒常性（大小恒常性）开发的旅游产品，使游客产生身临其境、一日遍游世界的感觉。

对于大部分中国人来说，目前去国外旅游仍然是件奢侈的事。世界之窗、世界公园等景区把国外众多知名景点复制到国内，让国内民众足不出户、花费很少的钱就可以体验国外风景，很好地满足了人们的旅游需求。不过，在山寨景点如火如荼发展的背后，也有很多隐忧。国内好几家山寨景点已经被起诉，被认为构成侵权。河北省石家庄市的狮身人面像被埃及文物部门投诉，称施工方未获得埃及方面的许可而建造复制品。埃及文物部门认为，山寨版狮身人面像在细节方面与原版差距较大，会影响到游客对埃及古文物真实原貌的了解，也会直接影响埃及旅游业的收入。埃及文物部门要求中方建设单位进行赔偿，或者自行拆除。

现代建筑都是有著作权保护的，未经授权的情况下不能随意复制原有设计，《保护文学和艺术作品伯尔尼公约》第2条也明确规定了建筑属于艺术作品，不

能随意复制。古代的建筑属于文化遗产，受到联合国教科文组织《保护世界文化和自然遗产公约》和《保护非物质文化遗产公约》的保护。公约要求，各缔约国不得故意采取任何可能直接或间接损害本公约其他缔约国领土内的文化和自然遗产的措施。但是，古代建筑的著作权人不清晰，且已超过著作保护时间，模仿复制是否侵权并无定论。中国已经加入了上述世界公约，并且在国内的《著作权法》第3条中也明确了建筑作品和美术一样具有著作权，那么包含了多个建筑、自然景观的综合旅游景点也和建筑作品一样享有著作权。我国《著作权法》第二章第10条规定：著作权包括修改权（修改或者授权他人修改作品的权利）、保护作品完整权（保护作品不受歪曲、篡改的权利）、复制权（以印刷、复印、拓印、录音、录像、翻录、翻拍等方式将作品制作一份或者多份的权利）。因此，没有原版建筑和景区的许可，擅自进行高仿复制或山寨是违法的。国内的山寨景点基本都没有得到许可授权，存在明显的侵权行为。

山寨景点可以说是一个国家旅游发展过程的一个阶段。随着中国文化旅游逐渐获得国际竞争力，设计师和消费者会更加自信地打造独具中国文化特色的原创景点，而不是刻意模仿照搬国外，相信以后的山寨景点会越来越少。

69　为什么景区的男厕所和女厕所分别标识为"观瀑亭"和"听雨轩"？

案例

从2015年国家旅游局局长李金早提出"旅游厕所革命"和2016年国家旅游局提出第三卫生间的概念以来，中国已基本实现旅游景区、旅游线路沿线、交通集散点、旅游餐馆、旅游娱乐场所、休闲步行区等的厕所全部达到三星级标准。这体现了"厕所革命"的人文关怀。常常去旅行的人会发现一件有意思的事，那就是世界各地洗手间的标志都不相同，可谓千奇百怪，有些让人哭笑不得，有些让人费脑。本书选载几个，如图4-6、图4-7、图4-8、图4-9、图4-10所示。

一些有中国古建筑的景区，将男女厕所命名为"观瀑亭"和"听雨轩"。

图 4-6　"观瀑亭"和"听雨轩"

人类基因有 23 对染色体，男女的区别在于第 23 对染色体，男子第 23 对染色体为 XY，女子第 23 对染色体为 XX，有些景区就以 XY 和 XX 分别作为男女厕所的标配。

图 4-7　以染色体命名的男女厕所

还有一些厕所，以男女所骑自行车款式来标识。

还有以男女形象特征来标识的厕所。在图 4-9 中，右边是男厕，用胡子标识，左边是女厕，用发辫标识。

另外，还有以男人和女人的喜好来标识的厕所，如图 4-10 所示，用女性的高跟鞋来标识女厕，而用烟斗来标识男厕。

为什么各个地方的厕所标识各不相同？是为了反映当地的文化？还是为了体现不同设计师的独创风格？

图 4-8　以男女所骑自行车款式标识厕所

图 4-9　以男女形象特征标识厕所

图 4-10　以男女喜好标识厕所

相关心理学规律与现象

心理防御机制——隔离

前面我们说，心理防御机制是指个体面临挫折或冲突的紧张情境时采用一些手段来实现对自我的保护，调整本我与超我双方的冲突，从而缓解焦虑，渡过心理难关，防止精神崩溃。具体来说，有十多种重要的自我防御心理。隔离是其中重要的一种，它是指将一些不快的事实或情感分隔于意识之外，以免引起精神上的不愉快，如人死了叫"仙逝""归天"，这样说起来可以避免悲哀。情感隔离通俗地说就是让情感麻木，比如听了令人悲伤的家庭悲惨故事，有些人却在笑，这些人就是隔离了情感。有时候，笑的人反而是因为太痛苦。笑嘻嘻讲自己的早年创伤，是隔离的表现。从心理咨询的经验来看，这些人实际可能并不幸福。所以，当精神病人说自己没有病时，通常是情感隔离。只有承认自己有病，才可以考虑让其出院。

心理防御机制有什么意义？积极的意义在于能够使主体在遭受困难与挫折后减轻或免除精神压力，恢复心理平衡，甚至激发主体的主观能动性，激励主体以顽强的毅力克服困难、战胜挫折。消极的意义在于使主体可能因压力的缓解而自足，或出现退缩甚至恐惧而导致心理疾病。案例中提到的厕所标识就是一种情感隔离。因为如此美丽的景区突然出现厕所，其实从情感上人们都是很厌恶的，但又必须有，于是人们用"隔离"的手段将这一尴尬问题解决了。案例中的所有标识都是隔离机制的体现。所以有人把"上厕所"说成"上一号"或"去唱歌"，这也是一种隔离。"隔离"是把"观念"与"感觉"分开。我们对情感隔离的理性态度是：我们不能没有隔离，也不能全部隔离。

70 为什么这些旅游城市的 Logo 设计
让你魂牵梦萦?

 案 例

图 4-11 是一位"85 后"设计师设计的旅游城市 Logo。你能猜出这四所城市的名字吗?

图 4-11 旅游城市标识

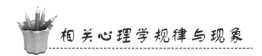 相关心理学规律与现象

知觉的整体性;连续律

前面我们提到,虽然客观事物是由不同的部分、不同的属性组成的,但当它们对人发生作用的时候,人并不是孤立地反映这些属性,而是把它们结合成有机的整体来反映的,这就是知觉的整体性。认知学家苛勒也曾经提出过"认知—完形"理论,大脑皮层不仅仅是对客观对象的各个部分进行分别认知,还要把这个客观对象视为一个复合体,认知它的各个组成部分及其相互关系。大脑通过什么形式来实现整体认知呢?有相似律、闭合律、接近律、连续律等。这里我们强调的是连续律,连续律是指客观事物具有连续性或共同运动方向等

特点时，容易被知觉为一个整体。

 **解析**

旅行社为什么会给本团队的旅游者发放统一的帽子呢？这是因为，即使游客被人群分隔在不同的地方，利用知觉的连续律，只要他们朝着一个方向前进，就会被视为一个团的成员。

案例中的设计师以省市名字为主元素设计了创意字体，每个字体都融入了当地的旅游特色，非常漂亮，非常震撼人心。读者其实要花费很多时间才能体会出地域、人文以及自然景观的内涵，然后提炼出符号。利用连续律，画面中同样的色相有被看成一体的趋势。我们不难发现，在图4-11中，从左至右依次宣传的是七彩云南、杭州西湖、吉林、辽宁、北京。利用连续律审视，每个旅游城市的Logo设计不仅特色突出，而且耐人寻味。

同样理论思想指导下的图4-12是美国平面设计家尼古拉斯·托斯乐创作的爵士乐招贴《"封面人物"音乐会》。你能看明白吗？

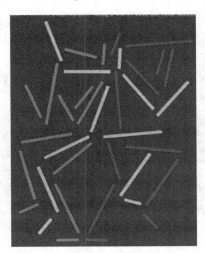

图4-12 封面人物音乐会招贴画

艺术家利用人们视觉上将把同一色相看成一体的趋势的连续律特点，在复杂的线条组合中通过色相的差异，使人们很容易分辨出三个使用不同乐器的音乐家，红色线条可以知觉为小提琴演奏家，绿色线条可以知觉为萨克斯演奏家，黄色线条可以知觉为演唱者。渐变的画面增强了广告的视觉冲击力。利用连续律，画面的整个构成形式丰富且充满了秩序。

71 看不清人脸的不完整的旅游广告画面是好广告吗？

案 例

去过位于北京密云区的古北水镇的朋友应该对这一景区有这样的感受——这里既有北方的大气，也有江南的婉约和细腻。2017 年，古北水镇邀请王珞丹作为景区代言人，将景区气质与明星气质高度融合起来。景区代言人王珞丹身上那种率真又执着、对自由的向往的力量，与景区的气质是非常相似的。图 4-13 就是女演员王珞丹为古北水镇拍摄的旅游广告。但是在这幅旅游广告的画面中，人们是很难欣赏到王珞丹的正脸的。花了这么多钱的明星旅游广告，却看不到正脸，这是好广告吗？

图 4-13 古北水镇——王珞丹

无独有偶。江南乌镇，静美悠长，富有格调，是长三角最火热的景点之一。刘若英以娴静温婉的气质和形象为人们所知，和乌镇景区的气质很像。两者结缘于 2002 年，那年刘若英与黄磊出演《似水年华》，古朴秀丽的乌镇、小桥流水、千年书院、原始的染坊，加上浪漫的爱情故事，令人对江南水乡乌镇充满神往。2007 年，刘若英代言乌镇景区（见图 4-14）。可是，从这幅刘若英代言的乌镇旅游广告画面上，你能看清她的全貌吗？

图 4-14　江南乌镇——刘若英

相关心理学规律与现象

格式塔理论；苛勒的认知顿悟理论

心理学家苛勒认为，人们经常被问题所困扰，为什么最终会采取某些行为来解决困扰呢？这可不是简单的"刺激—反应"公式能解释得了的。他提出，是内心的顿悟即灵光一现这种心理机制在起作用。确实，给被试呈现脑筋急转弯问题，在他百思不得其解时告之答案，此时，我们通过脑扫描技术可以看到顿悟时大脑某些区域被激活的图像（见图 4-15）。这说明，一些行为确实是在认知的参与下出现的。

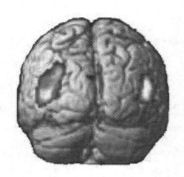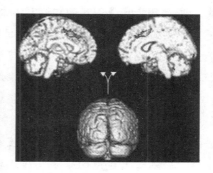

图 4-15　顿悟机制下的大脑激活图像

在现实生活中，想要创造性地解决问题需要新颖的想法，所以深思熟虑的策略并不能够总有帮助。对于许多问题的解决依赖于顿悟与直觉思维。顿悟将认知结构中已有的知识经验进行了重新组合，从而找到了解决问题的新方法。顿悟说重视的是刺激和反应之间的组织作用，认为这种组织表现为知觉经验中旧的组织结构豁然改组成新结构。他强调，学习的实质是顿悟，而不是通过试误来完成的。这种顿悟学习主要取决于对整个情境结构的突然知觉。顿悟学习的实质是在主体内部构建一种心理完形。例如，阿基米德浮力定律的发现、魏格纳大陆漂移说的发现都是直觉思维的产物，是顿悟的结果。

对于广告而言，出现不完整的事物有三点好处：首先，这恰恰调动了人们学习的自主性，通过思考、顿悟和理解形成认知，加深了印象，强化了学习效果。其次，使广告简单、明快，符合广告创意的基本策略。心理学家告诉我们，人一次能记忆的组块是 5~9 个，而且随着组块的增加，遗忘的概率会加大。当记忆的组块是 1 时，遗忘率是 10%；当记忆的组块是 2 时，遗忘率是 20%；当记忆的组块是 3 时，遗忘率是 40%；依次递增。因此，广告中的信息越简单越好、越少越好。最后，节约了广告的版面和空间，节省了广告费用。

 解析

有些人认为，旅游者的随机性购买与冲动性购买行为，很大程度上是营销强化的结果，其内部心理认知过程不明显。但是，理性的消费者在面临高度介入的购买营销时，可能会对商品的信息进行认知重组，会考虑如何规避风险，再理性消费。这就要非常强调人的内在认知机制了。

游客是否产生购买行为，绝不是简单的营销强化的结果，也不是一种被动行为。如果无视游客的内部认知，一味地百般营销，势必会引起人们的超限逆反或反感心理。因此，要站在人们认知的基础上，想其所想，注意他们的内部心理过程，营销效果才能提高。旅游广告经常利用完形心理，激发人们将不完整的事物补充完整。

如广告画面中，只要出现一只女人修长纤细的手，人们就会想到这应该是一位气质佳丽，而不必出现她的全貌。出现电脑的一部分，人们自然会将电脑的另外一部分在脑海中补充完整，因而认识到这应该是一台电脑。利用这一原理，旅游企业怎样才能既省钱又达到广告的效果呢？前一阶段播放情节完整的

广告，持续数月，直到耳熟能详。然后怎样安排？简化，只播其中的主要广告语（如收礼只收脑白金）。此时，由于知觉的组织作用，受众在看到简化的广告情节和听到主要广告语时，会在头脑中将省去的情节和词语回忆出来，将不完整的信息补充完整。这种做法既节省了广告费用，又没有降低广告效果。

　　格式塔学习理论认为，"思维是整体的、有意义的知觉，有一个相应的格式塔"。当出现一个人们无法认知的事物时，人们自然会在头脑中搜寻已有经验来感知这个事物到底是什么。案例中旅游广告的制作正是采用了这个策略。识别这些不完整非正面的明星代言景区图片的过程需要人们调动大量的心理能量去思考、感知、理解，这恰恰调动了人们的认知自主性，不经意间加深了人们对景区的印象，强化了学习效果。况且，这些广告是为景区代言的，明星只作为配角出现在画面上，不仅突出了重点，也节约了广告的版面和空间。